歴史文化ライブラリー

7

日本人の他界観

久野 昭

吉川弘文館

目次

後生二元論

他界の意味――プロローグ

1　他界の意味

他界には、二重の意味がある。

ひとつは、私たちが現に生きているこの世界とは別の死後の世界、来世の意味であり、もうひとつは、死ぬという意味である。

死後の世界の存在を認めないのも、ひとつの立場である。それが存在するとも、しないとも言えないとするのも、ひとつの立場である。それでも、私たちにとって死が確実に存在することは、誰もが知っている。この世に生を享《う》けた私たちは、誰もが、死ぬという意味での他界を覚悟していなければならない。その意味での他界との関連で、人間は現世とは異なる死後の世界としての他界を、心に思い描いてきた。

これは、そのような意味での他界の存在をいま自分が信じているか、否かとは別個の事柄として、歴史的な事実である。そして、その他界の表象や観念には、たとえば土葬、火葬、水葬というような死体処理の方法ばかりでなく、広くその時代や社会の文化的な、とりわけ宗教的な状況も反映している。

日本人にとって、この意味での他界は、ほとんど現世と隣り合わせといってもいいくらいに、意外に親しい世界でもあった。たとえば、私たち日本人は他界をあの世とよぶ。そのとき、たしかにこの世と区別してあの世とよんでいるには違いない。ただし、あの世と聞いただけで、今さらどの世かと聞き返す必要もなく、ああ、あの世かと理解できる程度の親しみを、私たちはあの世に対して抱いている。この親しみの背景には、この日本という精神風土に長く続いてきた他界とのかかわりがある。

たとい、その他界とのかかわりが、最初は海外から渡ってきた宗教によってもたらされたものではあっても、当の外来宗教が日本人によって受け入れられ、この風土に根づき、この国特有の姿をとって日本人のものになったとき、たとえば祖霊崇拝や、法事や、盆の行事などのうちに認められる他界とのかかわりもまた、もはや決して異国のものでなく、他ならぬ日本人の他界観を示すものとして、日本の文化的伝統の中に生きはじめたのであった。

そのような日本人の他界観を精神史的な問題として見直そうというのが、本書の意図なのである。

闇の中の死穢

6

黄泉の国

黄泉の国へ

伊邪那岐《いざなぎ》神と伊邪那美《いざなみ》神が国を生み、さらに海、水、風、木、山、野、火などにかかわる神々をつぎつぎに生んだ。その数え方はややこしいが、『古事記』は、この男女神から生まれた島々は一四、神々は三五と数えている。火の神を出産したとき、伊邪那美神の美蕃登《みほと》(女陰)が焼けて、女神は病み臥せり、「遂に神避《かむさ》り坐《ま》しき」。

この『古事記』の「かむさる」という表現には、表舞台からの神の退去という意味合いが濃いが、人間なら死んだということになる。人の身に引き寄せて聞かれなければ、神話は人間にとって身につまされる、意味のあるものにならない。神話を語るのも、聞くのも人間である。それに、神話の機能のひとつは、人の世に伝わる慣習の起源や、事物の名の由来を説明することであった。

　伊邪那美神の死後の伊邪那岐神の行動は、おそらく人の世の葬送儀礼の原型を示す神話として語られたのではなかろうか。そう想像してみれば、この女神の死に際しての男神の行動も、いかにも人間的であった。彼はいとしい妻をたかが子供のひとりと取り換えてしまったと嘆き、「御枕方《みまくらへ》に匍匐《はらば》ひ、御足方《みあとへ》に匍匐ひて哭《な》」く。妻の死骸の頭の方へ、また足の方へと這い回りながら慟哭する。この悲しみぶりは人間には、いや人間にこそ、よく分かる。男神は悲嘆の深みで、長剣を抜いて、妻の死の原因となった火の神の頸を斬ってしまう。

　伊邪那美神は黄泉《よみ》の国に去った。夫の伊邪那岐神は妻を「相見むと欲《おも》ひて、黄泉国に追ひ往《ゆ》き」。この世からの黄泉の国への入口は、普段は閉ざされている。『古事記』には「殿《との》の縢戸《とざしど》」と書かれている。現世から他界への通路に扉のあることは、臨死体験者もよく語っている。その扉を開けて、伊邪那美神が夫を出迎えてくれた。

禁忌の侵犯

夫が妻に語りかける。二人の国生みの仕事は、まだ終わってはいない。だから、帰ってほしい。すると、妻が言う。「悔《くや》しきかも、速《と》く来《こ》ずして、吾《あ》は黄泉戸喫為《よもつへぐひし》つ」。ああ、残念、あなたが早く来てくださらないものですから、私は「黄泉戸喫」をしてしまいました。「黄泉戸《よもつへ》」は黄泉の国の戸《と》ではなく戸《へ》、つまり竈《かまど》であり、その黄泉の国の竈で煮たものを食べるのが「黄泉戸喫」である。同じ竈で煮たものを食べれば、もう仲間である。だから、伊邪那美神は、すでに黄泉の国の住人の仲間になってしまっている。仲間になる前に夫が迎えに来てくれていたら話は別だが、もう黄泉の国の者になっているから、おいそれと現世に戻るわけにはいかない。

「然れども愛《うつく》しき我《あ》が那勢《なせ》の命《みこと》」、わが愛《いと》しい夫が「入り来坐《きま》せる事恐《かしこ》し。故《かれ》、還らむと欲《おも》ふを、且《しばら》く黄泉《よもつ》神と相論《あげつら》はむ。我《あ》をな視《み》たまひそ」。もう現世に戻れないところですが、わざわざ迎えに来てくださった貴方のためにも戻りたいと思いますので、戻っていいかどうか、しばらく黄泉の神と論じ合うことにします。その間、私を見ないでください。

この『古事記』の記述では、女神は、しばらく黄泉の神と論じ合う間、私を見ないでくださいと、夫に言っている。だから、この記述だけでは、まるで「且《しばら》く黄泉《よもつ》神と相論《あげつら》はむ」に重点があって、「我をな視たまひそ」はいわば付け足しのようにも読める。つまり、黄泉の神と論じ合う自分を見ないで、すべてはこの黄泉の国の者である自分に任せてほしいという意味で、彼女がそう言っているようにも、読み取れる。

しかし、実は、重点は「我をな視たまひそ」の方にある。『日本書紀』では、この神話のこの部分は本文にではなく、そのヴァージョンのひとつ（神代上第五段一書第六）に詳しく述べられているが、そこでは女神は夫に、自分がすでに黄泉戸喫をしたことを語った後、「然《しか》れども、吾当《われまさ》に寝息《ねやす》まむ。請《こ》ふ、な視《み》ましそ」、これから寝ますから、寝ている私を見ないでください、と言っている。

『鎮火《ほしづめ》の祭の祝詞《のりと》』にも、鎮めるべき火神との関連から、伊邪那美神による火神の出産の神話が引き合いに出されている。最後の子として「火結《ほむすび》の神」すなわち火神を生んだ女神が、「みほと焼かえて石隠《いはがく》りまして」、夫にむかって「夜七夜《よななよ》・昼七日《ひなのか》、吾《あ》をな見たまひそ」と言ったのに、夫の方は七日間も我慢しきれなかった。七日も経たないうちに、伊邪那岐神が妻の「隠《かく》ります事奇《あや》しとて見そなはす時に、火を生みたまひて、みほとを焼かえましき」。

そして、見ないでくださいと頼んだのに見られてしまった恥辱から、女神が、夫の貴方は「上《うは》つ国」、つまり地上の国を統治しなさい、私は「下《しも》つ国」、つまり地下の国を統治しますと言って、「石隠《いはがく》りたまひて、与美津枚坂《よみつひらさか》に至りまして」、自分が地上の国に「心悪しき子を生み置きて来ぬ」、心悪しき子である火神を生んだままにしてきたことに気づく。それで、いったん地上に引き返して、水の神や埴山姫《はにやまひめ》など、火を鎮める力を持つ神を生んだ。

この祝詞の「与美津枚坂《よみつひらさか》」は『古事記』では「黄泉比良坂《よもつひらさか》」として出てくるが、この坂については後に触れる。いまは、この祝詞の記述内容は記紀神話とはいささか異なるものの、やはりここでも重点が「吾をな見たまひそ」にあることを、心に留めたい。その重点の所在を確認した上で『古事記』の記述に戻ることにする。

私を見ないでくださいと頼んで女神が去ってから、随分になる。男神は待ち切れない。そこで、髪の毛を左右に分けて耳のところで髻《もとどり》を作って束ねていた、その左の角髪《みずら》に刺していた爪形の櫛の端の太い歯を一本折り取って、それに「一つ火《び》燭《とも》して」、女神の去った暗い黄泉の殿舎の中に入って行く。伊邪那岐神は、「我をな視たまひそ」の禁忌《タブー》を破った。

そのことで、死んだ妻との別れが決定的なものになる。

妻が私を見ないでくださいと頼み、見ないという約束を夫が破って、ために夫婦が別れねばならなくなるのは、この神話だけではない。

たとえば同じ『古事記』の中に挿入されている海幸彦・山幸彦の神話で、山幸彦すなわち火遠理命《ほをりのみこと》の子をみごもった海神の娘、豊玉毘売命《とよたまひめのみこと》が、天《あま》つ神の子を海原で産むわけにはいかないので、海辺の波打ち際に産殿《うぶや》を造って、その中に入ろうというとき、夫に言う。「凡《すべ》て佗国《あだしくに》の人は」、他の国の者は、「産む時に臨《な》れば、本つ国の形を以《も》ちて産まむとす。願はくは、妾《あ》をな見たまひそ」。

それなのに、夫は産殿の中の妻を覗き見てしまう。妻は巨大な鰐の姿をして這い廻っていた。「心恥《うらは》づかしと以為《おも》ほして」、妻は子を産み残して、「海坂《うなさか》を塞《さ》へて返り入りましき」。海神の国とこの国との境の海坂を塞いで、海神の宮に帰ってしまった。ここでは、海中他界とこの国とに、妻と夫とが、決定的に別れることになる。

だが、いまは伊邪那岐神が入り込んだ黄泉の暗黒の世界に戻ろう。

死穢の世界

「一つ火燭して入り見たまひし時、宇士多加礼許呂呂岐弖《うじたかれころろきて》、頭《かしら》には黒雷《くろいかづち》居り、陰《ほと》には拆《さき》雷居り、左の手には若《わか》雷居り、右の手には土《つち》雷居り、左の足には鳴《なり》雷居り、右の足には伏《ふし》雷居り、幷《あは》せて八《や》はしらの雷神《いかづちがみ》成《な》り居りき」。

「うじたかれ」、すなわち蛆がたかって、「ころろきて」、それがころころと、まるで咽喉《のど》の詰まったような音を立ててとは、明らかに死体の描写である。その死体の頭部、陰部、両手両足に雷神が化生《けしょう》していた。

『日本書紀』の右に引き合いに出したヴァージョン（神代上第五段一書第六）には、「膿《うみ》沸き虫流《うじたか》る」と書かれている。死体から膿が湧き出て、そこに蛆がたかっていた。そう書いた後にすぐ続けて、「今、世人《よのひと》、夜一片之火忌《よるひとつびとぼすこと》む、又夜擲櫛《なげぐし》を忌む、此《これ》其の縁《ことのもと》なり」と、一つ火や投げ櫛を忌む習俗の起源がこれだと説明している。

別のヴァージョン（一書第八）には、「脹満《は》れ太高《たた》へり。上に八色《やくさ》の雷公《いかづち》有り」と書かれている。死体がガスで膨れあがっていた。

見ないでくださいと言われて見た妻の姿が、膿が湧き出て、ころころと音のするほど蛆がたかり、ガスが充満して膨れあがった状態であった。雷神の化生ということを除けば、これは土の中に埋められたか、地上に放置されたままの人間の死体の腐乱状態である。そういう死体の状態を、聞く者が知っていなければ、また、そのような状態の死体にただ嫌悪を感じるだけでなく、その死体を取り巻く穢れが自分に伝染しはしまいかという不安も抱いていなければ、黄泉の闇の中で火をかざして妻の姿を見て必死に逃げだす伊邪那岐神を語る神話には、説得力がなくなってしまう。

日本列島の北は亜寒帯、南は亜熱帯に達するが、中心部はほぼ温帯に属する。中小の河川も多く、雨もよく降る。概して湿度は高い。死体は腐りやすい。腐乱した死体は、見て気持ちのよいものではない。

古代の日本人が死穢《しえ》を忌み嫌ったことは、たとえば天若日子《あめのわかひこ》の死を語る神話からも窺《うかが》うことができる。天若日子の喪を弔いに、友人の阿遅志貴高日子根神《あじしきたかひこねのかみ》が喪屋を訪れた。ところが、その容姿があまりに天若日子に似ていたので、その父親や妻が、わが子は死んではいなかった、わが夫は死んではいなかったと、この友人の手足に取りすがって泣く。すると、その友人が怒って言う。「我《あ》は愛《うるは》しき友なれこそ、弔ひ来つれ。何《なに》とかも吾《あ》を穢《きたな》き死人《しにびと》に比《くら》ぶる」。親友だからこそ、弔いに来たのだ。それなのに、私を穢れた死人と同一視するとは何事だ。

伊邪那岐神も妻の死体の穢れぶりを眼の前にして、「見畏《みかしこ》みて逃げ還《かへ》る」。その伊邪那岐神を、「吾《われ》に辱《はぢ》見せつ」、見ないでくださいと頼んだ私の姿を見て私に恥辱を与えたと怒った伊邪那美神が、予母都志許売《よもつしこめ》に追わせる。「よもつしこめ」とは黄泉の醜女であり、黄泉の闇に拡がる死穢の擬人化であることは言うまでもない。

黄泉からの遁走

この死穢の鬼女に追われた伊邪那岐神は、頭に被っていた黒い鬘《かずら》を投げ捨てる。すると、そこに葡萄の実が生えた。鬼女がそれを拾って食べている間に逃げる。また、追われる。今度は、右の角髪《みずら》に刺していた櫛の歯を折り取っては投げ捨てる。すると、筍《たけのこ》が生える。鬼女がそれを食べている間に、また逃げる。

伊邪那美神はさらに、自分の死体に化生した八つの雷神に千五百の黄泉軍《よもついくさ》の大軍を率いさせて、夫を追わせる。伊邪那岐神が剣を抜いて、後ろ手でそれを振りながら逃げるのを、軍勢が追いかける。男神がやっとのことで「黄泉比良坂《よもつひらさか》の坂本《さかもと》に到りし時」、彼はそこに生えていた桃の実を三つ取って迎え撃つ。黄泉の軍勢はことごとく退散した。

「黄泉比良坂」は、『日本書紀』では「泉津平坂《よもつひらさか》」、『鎮火《ほしづめ》の祭の祝詞』では「与美津枚《よみつひら》坂《さか》」と表記されている。「ひら」（平・枚）は主に名詞と複合して薄く平らな状態を示す語だから、ここでは、そう急な斜面でなく、平坦な坂を想像するのが素直だろう。

黄泉が地下の国なら、彼はこの坂を駆け上がらなければならない。祝詞では、伊邪那美神が伊邪那岐神にむかって、夫の貴方は「上つ国」を治めてください、私は「下つ国」を統治します、と言っている。「下つ国」は地下他界である。記紀神話の場合も、伊邪那岐神が櫛の歯に火を点けて入っていくからには、黄泉は地下他界と読み取れる。その背景に土葬という葬法を考えていい。蛆のたかった死体の状態も、決してそれと矛盾しない。とすれば、男神は坂を駆け上がったことになる。

ところが、伊邪那岐神がこの坂の「坂本」まで来て、そこで黄泉の軍勢を撃退したと、『古事記』は語っている。坂本とは坂の下、坂のふもとである。現世に戻るためには、まだこれから坂を上がらなければならないのに、あえて坂の下のところで、彼は自分を追跡してきた軍勢を迎え撃ったのだろうか。しかも、その軍勢を撃退した後、彼は桃の実にむかって、ここでいま私を救ってくれたように、葦原中国《あしはらのなかつくに》すなわち現世の国にいるすべての人々が苦しい目に遭ったときも、彼らを救ってやってくれと言っている。少なくとも心理的には、桃は現世の側にある。

最後に、伊邪那美神自身が夫に追い迫った。夫は「千引《ちびき》の石《いは》を其の黄泉比良坂に引き塞《さ》へ」る。一〇〇〇人掛かりで引くほどの大きな石で、自分がいま戻ってきたばかりの他界との通路を塞ぐ。その石の据えられたのは坂の上か下か。記紀神話はそれを明言していない。

黄泉への訪問の場面ではなく、黄泉からの遁走の場面になって黄泉比良坂が出てくるのは、大国主神を主人公とする神話の場合も同様である。大勢の兄弟から苛《いじ》められた大国主神が、母神の助言に従って、「須佐能男命《すさのをのみこと》の坐《ま》します根の堅州国《かたすくに》」に赴く。赴いてまだ須佐能男命に挨拶もしないうちに、大国主神は命《みこと》の娘、須勢理毘売《すせりびめ》と結婚してしまった。父親の須佐能男命が、大国主神を蛇の室《むろや》に寝かせたり、蜈蚣《むかで》と蜂の室に入れたり、あげくには野原に行かせておいて、火を付けて焼き殺そうとした。

そこで、大国主神は、妻にした須勢理毘売を背負って、この根の堅州国から逃げだす。須佐能男命が大国主神を黄泉比良坂まで追ってきて、そこで足を止める。そして、「遥《はろばろ》に望《みさ》けて」、遥にこの逃亡者を見ながら、別れの言葉をかけた。ここでも、須佐能男命が遠くに去っていく大国主神を黄泉比良坂の下から見上げていたのか、逆に見下ろしていたのかは不明である。

つまり、黄泉比良坂に言及している部分だけを取れば、他界が坂の上方にあるように読めないこともない。ただし、このあいまいさは、むしろ自然なことかもしれない。

古代の日本では土葬も行われていたが、またほとんど死体遺棄に近いような風葬も行われていたはずである。死穢を忌避して、死体を山辺に棄てるように置くのも、決して奇異な風習ではなかった。湿気の多い風土では、山野に放置された死体はすぐに腐乱して蛆が湧く。そのような死体遺棄の場も他界であった。その他界は野が山に連なる平坂の下方ではなかろう。下方は現世のはずである。伊邪那岐神の黄泉からの遁走劇には、そのような他界から現世への帰還にも通じるものがあった。

重要なのは、他界の位置よりは、むしろ他界と現世との隔離であり、塞《さえ》の石だったであろう。「千引の石を其の黄泉比良坂に引き塞へて、其の石を中に置きて、各《おのおの》対《むか》ひ立ちて、事戸《ことど》を度《わた》す」、すなわち塞の石を挟んで離別の呪言を唱え合うことで、伊邪那岐神の遁走は終わる。後は、「吾《あ》は伊《い》那《な》志《し》許《こ》米《め》志《し》許《こ》米《め》岐《き》穢《きたな》き国に在り祁《け》理《り》」という感慨とともに禊《みそ》ぎをして、身に付いた死穢を洗い流せば、他界との絶縁は完了する。

死穢の恐怖

死体の放置

伊邪那岐《いざなぎ》神が黄泉《よみ》で覗き見た伊邪那美《いざなみ》神の死体の腐乱ぶりは、そこが地下他界としての黄泉であるかぎりは、たしかに土葬という死体処理法をその背後に想定させる。ただし、神話の聞き手たちには、どのくらい、土葬された後の死体の状態を自分の眼で見るという経験があったのだろうか。土中に埋められた死骸を掘り返すということがなければ、これは得られない経験ではないのか。

むしろ、彼らが地上もしくは洞窟内に放置された死体を見るという経験を持っていたと見做《みな》す方が、自然であろう。

死骸を遠くに運ぶことをせず、住居の近くに、それも土を深く掘る道具もないままに浅い穴の中に、主として腕を曲げ膝も折った屈葬の形で埋めたと思われるごく古い時代はともかく、人が死穢の観念を抱くようになれば、それを地下に埋めるにせよ、地上に放置するにせよ、日常の生活の場からはある程度隔離された場所に死骸を運ぶのは、いわば自然の情である。とりわけ真偽や善悪よりも美醜に価値の基準を置きがちな日本人にとって、普段の住居から離れたところ、たとえば集落の境である川の向こうに、そのような場所を求めるのは、いわば当然のことだったのではないか。

火葬の風習が拡まった後の時代に、野辺の煙が立ち昇るのが見られるようになった場所も、もとはといえば、そのような場所であった。そして、たとえば平安時代、洛外の鳥部《とりべ》野《の》や化野《あだしの》は、たしかに火葬の場でもあったが、また依然として死体放置の場所でもあった。鳥部山の麓の六道の辻のあたりは、かつては多量の人骨が出土し、髑髏原《どくろがはら》とよばれた時期もあって、それが六道や六波羅《ろくはら》に転訛したという説もある。その説の真偽はともかく、六《ろく》波羅蜜寺《はらみつじ》や六道珍皇寺《ろくどうちんこうじ》を過ぎたあたりから東に向かって上りになる坂もまた、そうよばれたわけではないが、一種の黄泉比良坂《よもつひらさか》だったことは確かなのである。

死体を普段の住居から離れたところに運んだのは、ただ死穢が遺族に付くのが怖かったためだけではなかったろう。その遺族を含む集落という形の共同体全体が、死穢によって汚染する懼《おそ》れがあった。だから、死体を運ぶべき場所を決めたのは、それぞれの家族ではなく、集落共同体だったであろう。葬送とは、もともと、この死体の運搬のことであった。

葬送の原義

「葬」の訓は、名詞なら「はぶり」または「はふり」、動詞なら「はぶる」または「はふる」である。葬《はぶ》るとは、本来、追放することを意味していた。

たとえば、允恭《いんぎよう》天皇が崩御すると、穴穂命《あなほのみこと》、後の安康天皇がクーデターを起こし、皇位継承者の軽太子《かるのひつぎのみこ》を逮捕して伊予に流した。そのとき軽太子の詠んだいくつかの歌が『古事記』によって伝えられている中に、

王《おほきみ》を、島に放《はぶ》らば、船余《ふなあま》り、い帰《がへ》り来《こ》むぞ、我《わ》が畳《たたみ》ゆめ、言《こと》をこそ、畳と言はめ、我《わ》が妻はゆめ

という歌がある。王であるこの私を島に追放しても、船に乗りはぐれずに、きっと帰ってくる。だから、私の坐る敷物（畳）は、清らかにしておいてくれ。言葉では敷物と言って

いるが、実は、わが妻に清らかなままでいてほしいのだ。この歌の「島に放《はぶ》らば」の「はぶる」は、明らかに追放することを意味している。

もうひとつ例を挙げれば、宝亀二年（七七一）、光仁天皇が前年に死んだ藤原永手《ながて》のために出した詔書（宣命）の末尾に近い部分に、「みまし大臣《おとど》の家の子等《ども》をも、はふり賜はず」という言葉がある。藤原永手の家の子等を「はふり賜はず」とは、この故人の遺族の者を流離させない、遠くに放ちやらない、ということである。

一般に、遠くに放ちやることが「はぶり」であり、だから葬《はぶ》りも、放《はぶ》りの一種として、死者を遠くへ放ちやることであった。そして、「はぶり」という日本語は、いつしか、主としてこの死者を対象とする葬《はぶ》りの意味で用いられるようになった。この意味は、「はふる」から出た「ほうむる」という、今日普通に使われている言葉にも伝えられている。たとえば誰かを社会から葬るとか、自分の過去を葬るとか、闇から闇へ葬るとか言われるのである。

「おくる」という言葉もまた、何かを誰かに贈る場合にせよ、何かまたは誰かをどこかに送る場合にせよ、もともと、自分から離れたところに放ちやること、自分から隔てることを意味していた。この用法は、今日も変わっていない。
死者を「はぶる」こと、そして「おくる」こと、したがって葬送とは、元来は死体を自分から離れたところに隔てる行為であった。

死体の隔離

天平の時代、造酒司《さけのつかさ》に勤務する役人に、田辺福麿《たなべのさきまろ》という者がいた。弟が死んだとき、次の歌を詠んだ（『万葉集』巻第九第一八〇六番）。

あしひきの荒山中《あらやまなか》に送り置きて　帰らふ見れば情《こころ》苦しも

この「帰らふ見れば」という言いかたは、まるで他人事のように聞こえるが、実は自分自身が弟の死体を荒れた山の中に送って、そこに置き去りにして帰る心苦しさを詠んだ歌である。

田辺福麿という人物については、天平二〇年（七四八）の春に橘諸兄《たちばなのもろえ》の使者として大伴家持《おおとものやかもち》の館に赴いたこと、そのとき造酒司の令史《れいし》という地位にあったことしか、分かっていない。令史なら、律令制四等官の最下位と見ていい。後に出世したかどうかは不明だが、かりに地位が少しぐらい上がったにしても、たかが知れている。たしかに、弟の死体を荒れた山の中に「おくる」のは心苦しい。しかし、それが当時、彼程度の身分の者にとっては当たり前の葬りかただったのであろう。

これは一種の風葬と言ってもいい。風葬とは死体を埋めず、それを山野や海辺や洞窟に放置して、空気に曝《さら》し、自然に腐敗するままにしたり、鳥獣が喰い荒らすのに任せることだからである。田辺福麿がその弟の死体をどこの山に「送り置きて帰」ったかは知るよしもないが、この日本の山の中である。たとえばチベットの高山の澄みきった空気とはまったく違う。乾いた空気に曝すのではない。ここでは風は湿気を含んでいる。雨も多い。そこに放置された死体の腐敗の進みかた、死穢の増殖ぶりは、容易に想像できる。ただ、それが生き残った者たちの生活の場とは別の世界の出来事ならば、この想像が直ちに恐怖に連なる懼れはなかった。

そして、死体を自分から離れたところに隔てるという現実の行為は、頭の中では、日常の生活の行われる世界と、そこから死体の隔離される世界との異質性という観念に結び付いていったはずである。とすれば、他界観念が発生するための最初の動因は穢れたものとしての死体を「はぶる」こと、「おくる」ことにあったのではないか。

他方、死体の放置される場所が、観念の上では日常の生活の世界とははっきり区別される他界となったにしても、そこは現実には集落から完全に隔離された世界ではない。往復はいつでも可能なのである。集落の外に出た何らかの機会に、放置されたままの死体を見て、その腐乱による変容の凄《すさ》まじさに慄然《りつぜん》とする可能性は、おそらく誰にでもあった。

死穢から死霊へ

一つ火を燭《とも》して暗い黄泉の殿舎に入り込んだ伊邪那岐神も、死体の同じ腐乱ぶりに愕然《がくぜん》とする。伊邪那美神の死体は内に充満したガスで膨れきった上に、「膿《うみ》わき」、「うじたかれころろきて」という状態であった。

だが、これは直接に眼に見える、いわば客観的な死体の状態でしかない。伊邪那岐神が「見畏《みかしこ》みて逃げ還《かへ》る」恐怖感には、この神が逃げ帰って後に、「吾《あ》はいなしこめしこめき穢《きたな》き国に在りけり」と言って禊《みそ》ぎをしたことが示すように、死穢の感染という要因があった。妻の死体から沸き出た膿が夫に付着したわけでも、無数にたかっていた蛆《うじ》が自分の身体を這いはじめたわけでもない。その身に付いたのは死の穢れであり、ころろくほどに蠢動《しゅんどう》していた蛆は、死体の腫満《ちょうまん》や膿とともに、眼に見えぬ死穢の具象的な顕れにすぎない。

とすれば、眼には見えなくとも、死穢も異様に膨らんだ死体を破って沸き出て、蠢《うごめ》いていた。それが眼に見えないだけに、死穢の感染の恐怖は大きかったであろう。

伊邪那美神の死体には八つの雷《いかずち》が化生《けしょう》していた。この雷は、たんなる「かみなり」ではない。ここで「いかづち」とは、猛々しくも恐ろしい魔物である。『日本書紀』のこの女神の死体についての記述のうち、「脹《は》満れ太高《たた》へり」と書いたヴァージョン（一書第九）は、すぐ続けて「上に八色《やくさ》の雷公《いかづち》有り」と、『古事記』と同様に八つの雷の化生を述べ、伊邪那岐神が遁走の途中、追ってきたその八つの雷に桃の実を投げて撃退したことを語っているが、「膿沸き虫流《うじたか》る」と書かれた方（一書第六）では、雷でなく、「泉津醜女《よもつしこめ》八人《やひと》」が伊邪那岐神を追跡している。『古事記』では、女神はまず予母都志許売《よもつしこめ》に、次いで八つの雷神に男神を追わせる。

雷神も黄泉醜女《よもつしこめ》も、この神話での役割は同じであった。というより、その基本的性格において同じだったのではないか。つまり、どちらも、死者の住むべき他界としての黄泉を訪れ、見てはならない死体を見てしまった者に襲いかかる死穢の象徴だったのではないか。

最後に、女神自身が男神を追う。死穢が蠢き、動き、追いかけてくるだけではなく、その死穢の発散源までが動き、追いかけてくる。神話の聞き手たちは、ここで、ついに死体までが動きだして、それに追われる恐怖を感じたであろうか。

縄文時代には伸展葬もあったが、主として死体の腕を曲げ、膝を折った形での屈葬が行われていた。土を深く掘る道具がなかったということもあろうが、これも死体が動きだして、むっくと立ち上がり、生者を襲うのを恐れてのことではなかっただろうか。

もし神話の聞き手たちが、この伊邪那美神の追跡を死体そのものの行動として受け取らなかったとすれば、すでに彼らには死霊の観念があった。彼らは死穢の奥に、死霊を想定することができた。死霊に追われる恐怖を実感しながら、彼らはこの神話を聞いたのではないだろうか。

黄泉の坂・黄泉の穴

同じ恐怖を抱きながら、伊邪那岐神は黄泉から遁走する。この他界と現世との境に、黄泉比良坂《よもつひらさか》があった。その坂に巨大な石を引き塞《さ》えることで、男神は現世への死霊の侵入を防いだ。逆に現世から見れば、この「千引《ちびき》の石《いは》」は、これ以上進めば他界に入る、つまり死ぬことになるという標《しるし》なのである。

この石と坂について、『古事記』は「其の黄泉の坂に塞《さや》りし石《いは》は、道反之大神《ちかへしのおほかみ》と号《なづ》け、亦塞ります黄泉戸大神《よみどのおほかみ》とも謂《い》ふ。故《かれ》、其の謂はゆる黄泉比良坂は、今、出雲国の伊賦夜坂《いふやさか》と謂ふ」と述べて、この伊邪那岐神の遁走劇を締めくくる。

その伊賦夜坂が現実の出雲の国のどの地点か、たとえば『出雲国風土記』の意宇《おう》郡の条に出てくる「伊布夜《いふや》の社《やしろ》」のあたりであったかは、おそらく神話の聞き手にとっても、また私にとっても大した問題ではない。日本地図に他界への入口を書き込んで他界観光案内図を作ろうなどという意図は、私にはまったくない。問題は、日本人にとって黄泉への通路の持っていた意味なのである。

その意味では、『出雲国風土記』の出雲郡の条、宇賀《うが》の郷《さと》についての記述の方が重要である。

即ち、北の海浜《うみべた》に礒《いそ》あり。脳《なづき》の礒と名づく。高さ一丈《つゑ》ばかりなり。上に松生《お》ひ、芸《しげ》りて礒に至る。里人《さとびと》の朝夕《あしたゆふべ》に往来《ゆきかよ》へるが如く、又、木の枝は人の攀《よ》ぢ引けるが如し。礒より西の方《かた》に窟戸《いはやど》あり。高さと広さと各《おのもおのも》六尺《さか》ばかりなり。窟《いはや》の内に穴あり。人、入《い》ることを得ず。深き浅きを知らざるなり。夢《いめ》に此の礒の窟の辺《ほとり》に至れば必ず死ぬ。故《かれ》、俗人《くにひと》、古《いにしへ》より今に至るまで、黄泉の坂・黄泉の穴と号《なづ》く。

「脳《なづき》」という漢字は、文字どおり脳、脳髄を示す。ただし、ここで「脳《なづき》の儀」と表記されているのは、借訓と解すべきであろう。「なづき」は、水に漬《つ》くの意味での「なづく」の名詞形である。海に面した磯の崖の高さが一丈。「丈《つゑ》」は律令制以前の長さの単位だが、その単位での一丈も後代の一丈と同じく、約三メートルと見ていい。上に松が生い茂っている。山地が海岸線ぎりぎりにまで迫った海辺によく見る風景である。その磯の西方に窟戸がある。どの岩屋か特定する必要はなく、海岸沿いの岩窟の入口を思い浮かべればいい。その入口が縦横ほぼ六尺ずつの四角になっている。岩窟の内部は、奥行きの知れぬ岩穴である。奥行きが分からないのは、そこに人が入ってはいけないからであって、この岩窟の入口に近づいた夢を見れば、人は必ず死ぬ。「必ず死ぬ」とは、かなり断定的な言いかたである。

なづきの磯とよばれる、この高さ三メートルほどの切り立った崖の上をも、里人は朝な夕なに往来しているらしい。それでも、夢でこの磯の岩窟の辺りに来れば必ず死ぬ。人の往来する朝夕の日常的な時間と、夢の中とでは違う。日常は、里人は岩窟の上は通っても、その中に入ることはできない。入ることができないのは、何か物理的な障害の所為ではなくて、心理的な禁忌のためであろう。

激しい風が吹き、海が荒れれば、磯に打ち寄せる波の飛沫に曝される岩窟の内部は、じめじめして暗い。その暗黒の奥に他界の闇に通じる穴があるのに、そこは千引きの岩で塞がれてはいない。物理的には、入ろうとすれば入れる。だが、入れば死穢が黄泉に引きずり込む。だから、「入ることを得ず」という禁忌を、日常の時間に破る者はいない。ただし、夢の中では別である。夢では、人は日常とは違うものを見る。時には他界をも予見する。夢の中で自ら他界に近づいてしまえば、人は黄泉の坂を下り、黄泉の穴に落ち込む。そこには死霊が待ち構えている。この「必ず死ぬ」という断定的な表現の裏にも、死穢の恐怖があったのではないか。

死穢の恐怖の中で、古代の日本人は黄泉の表象《イメージ》を心に思い描いてきたであろう。それが、たとえば『古事記』や『日本書紀』で伊邪那岐神の黄泉での経験として語られるのである。

蘇りの発想

天の石屋戸

ところで、窟戸《いわやど》といえば、おそらく誰もが思い浮かべるのは、天《あめ》の石屋戸《いわやと》の神話であろう。

姉弟の確執のあげく、姉の天照大御神《あまてらすおおみかみ》が忌み清めた機殿《はたどの》で神に奉献する衣を織らせているところへ、弟の須佐之男命《すさのおのみこと》がその機殿の棟に穴を開け、馬を尾の方から逆さに剝いだのを落とした。機を織っていた女が驚いた拍子に、梭《ひ》が陰部に突き刺さって死んでしまった。それがきっかけとなって、天照大御神が岩窟の中に閉じ籠る。

故是《かれここ》に天照大御神見畏《みかしこ》みて、天の石屋戸を開きて刺許母理《さしこもり》坐しき。爾《ここ》に高天《たかま》の原皆暗く、葦原中国《あしはらのなかつくに》悉に闇《くら》し。此れに因りて常夜往《とこやゆ》きき。

この岩窟の内部もまた死の国、他界として、一種の黄泉《よみ》だったと見ていい。その中に女神がさし籠った。その「さす」に『古事記』は「刺」の字を当てているが、意味からすれば「閉《さ》す」であろう。『日本書紀』には、「乃《すなは》ち天石窟《あめのいはや》に入《い》りまして、磐戸《いはと》を閉《さ》して幽《こも》り居《ま》しぬ」とある。女神は自ら石窟の中に入り、その戸を閉ざして籠った。一種の自死である。

天照大御神は、その「天照らす」という名からも、太陽神には違いない。ただし、この女神が死んだことで高天の原も葦原中国も真っ暗闇になったことを、皆既日食のためだと説明するのは、はるかのちの世の人間である。それに、日食はそれほど長時間にわたるものではない。天照大御神の岩窟への籠りは、少なくとも神話的な時の経過の上では、かなり長時間にわたっている。そのために「常夜往きき」という語り口を、神話の聞き手たちは、長期にわたる常闇《とこやみ》の継続として受け止めたはずである。

戸を閉ざした岩窟の中も、本来、常闇の世界であろう。太陽神がその窟戸の中に籠ったために、天も地も常闇になった。これは他界と現世との死の共感、あるいは死の共有ではなかったたか。

だから、「是に万《よろづ》の神の声は、狭蝿那須《さばへなす》満ち、万の妖《わざはひ》悉に発《おこ》りき」。この「さばへなす」とは、五月の頃の蝿のようにうるさいことを示す慣用句である。常闇の中で神々がまるで五月蝿の群れさながら、うるさい音を立てるばかりか、「万《よろづ》の妖《わざはひ》悉に発《おこ》りき」。ありとあらゆる災禍、凶事が起こった。ここで、太陽神を頂点とする神々の支配する明るく秩序あるコスモスとしての世界が、いわば天地開闢《かいびやく》以前の無秩序なカオスの闇に戻ってしまった。原初のカオスの中では、現世と他界との弁別もない。ただ、暗黒の混沌の中、飛び回る無数の蝿の大群を思わせる無意味な音だけが聞こえ、ありとあらゆる妖しい災異が次から次へと引きも切らない。

明るい生の世界が回復されるのは、天の石屋戸が開かれ、天照大御神がこの世に復帰するときである。そのとき、布刀玉《ふとだまの》命《みこと》が女神に言う。「此れより内にな還《かへ》り入りそ」。これからはもう岩窟の中に還り入らないでください、と。女神が死の国に戻ることが、ここで禁じられる。「故《かれ》、天照大御神出で坐《いま》しし時、高天の原も葦原中国も、自《おのづか》ら照り明《あか》りき」。かくて太陽神が蘇ったことで、コスモスも再生した。事件の張本人の須佐之男命は高天の原から追放され、食物を司る大気津比売神《おおげつひめ》によって五穀が生み出される。この女神復活の神話を、葦原中国に生きる者たちは深い安堵《あんど》の思いで聞いたに違いない。

死と復活

神話の基本的構造からすれば、伊邪那岐神の黄泉の国訪問も、この神が死の国に入り、再び生の国に帰還したという点で、やはり死と復活の神話である。他界を訪れたのちに再び地上の生の国に戻るという、この構造を持つ神話は、むろん、日本のみの特産品ではない。たとえばギリシア神話のいくつかが、同じ構造を持っている。

蛇に嚙まれて死んだ妻のエウリュディケーを取り戻すべく、オルペウスは冥界に降《くだ》った。彼の弾く竪琴の音は、冥界のすべてを魅了する。冥界の王ハーデースとその妻ペルセポネーは、オルペウスが地上に帰り着くまで後ろを振り向かないという条件で、エウリュディケーを背後に連れて生の国に戻ることを許した。だが、彼は途中で振り返ってしまい、ために妻は冥界に引き戻され、彼のみが虚《むな》しく地上の世界に帰還する。

このオルペウスの神話にも登場するペルセポネーが冥界の王妃となったのは、彼女に恋したハーデース＝プルートーンにさらわれてであった。彼女の姿が見えなくなったので、母親の大地と豊穣の女神デーメーテールは地上に下り、老女に身を変えて娘を探し歩き、エレウシースに来たが、そこで生まれて間もない王子の乳母となり、彼を不死にすべく夜な夜な火中に投じてはその死すべき部分を焼き尽くそうとしているところをエレウシースの王妃に見とがめられ、女神としての本性を現す。

この豊穣の女神が久しく天界に戻らぬため、大地に実りなく、人々は困窮していた。そこで、ゼウスはハーデースにペルセポネーをデーメーテールのもとに帰らせるように命じたが、彼女は冥界で石榴《ざくろ》の実を食べた後なので、冥界の掟《おきて》によって帰ることができない。これは一種の黄泉戸喫《よもつへぐい》と見てもいいであろう。結局、ゼウスの計らいによってペルセポネーは年の三分の一を冥界でハーデースと暮らし、三分の二を母親のデーメーテールのもとで暮らすことになった。年ごとの死と復活である。母親はエレウシースの王子トリプトレモスに麦の栽培法を教えて、その地を後にした。

その地方で麦の脱穀の行われたのは、今の暦でいえば六月、翌年の収穫のために蓄えられる種麦は、この時期に地下の貯蔵庫に収められる。四ヵ月後、すなわち年の三分の一が過ぎると、その種麦は取り出されて大地に播かれ、やがて成長して実を結ぶ。その期間が八ヵ月。すなわち年の三分の二を麦は地上で暮らす。つまり、年ごとに死と復活を繰り返すペルセポネーは、大地と豊穣の神として、種麦の象徴でもあった。

死と復活の儀礼

ところで、オルペウスの神話も、デーメーテールとペルセポネーという母娘の神話も、秘教の儀礼と密接に結び付いている。前者はオルペウス教、後者はエレウシースの秘教、いずれも神秘主義的な密儀を軸とする秘教によって伝承され、その密儀の祖型としての意味を担っていた。

たとえば、現在でもアテネの近郊のエレウシースには、廃墟となった遺跡の一角にプルートニオンとよばれる場所がある。丘陵の下部の横穴の入口であり、今は地下に通じてはいないが、かつてはハーデース＝プルートンの支配する世界への通路であり、エレウシースの密儀のうち大密儀の参加者たちが衣服を脱ぎ捨てた場所であった。

彼らが衣服を脱ぎ捨てたのは、それまでの彼らの肉体的な生を捨てることを意味していた。ここで、肉体を脱した魂による死の国への旅が始まる。横穴は下方へ、冥界へと通じていた。裸になった参加者たちは、暗黒の世界に入っていく。古代ギリシアの喜劇作家アリストパネスは『鳥』の中で、この大密儀の道中で冥界に棲むさまざまな亡霊が参加者たちを脅かしたことを伝えている。

道中、参加者たちは泥濘《ぬかるみ》の中に身を沈め、泥濘から這い出して後、身を清める。泥濘はこの秘教とは無縁の者たちの生きている不潔な生をあらわし、そこから這い出すことは魂が物質的な制約から自由になることを意味していた。その後、彼らはこの地下で裁判を受け、罰せられ、次いで清められる。魂の浄化である。この浄化が終わると、彼らはレーテーという名の地下水脈の水を飲む。レーテーとは忘却を意味するギリシア語であり、その水を飲むのは、それまでの肉体的生存のいっさいを忘れるためであった。この辺りから、地下道は上り坂になり、彼らは光明に向かって駆け上がっていく。ついに光明に照らされた高所に達すると、新しい衣服を受け取り、行列を作って大密儀最後の儀礼に臨むことになる。その最後の儀礼がどのようなものだったかは不明だが、このプルートニオンの暗黒の旅が死を、そして光明の世界への上昇が復活を意味していたことは明らかなのである。

このエレウシースの密儀に限らず、死と復活という構造を持つ神話と結び付いた秘教の儀礼は、信者自身の死と復活という神秘的体験を中心とするものだったといっていい。それは古代ギリシアだけでのことではなく、たとえば古代のエジプトや小アジアにも同様の神話と結び付いた、同様の密儀をともなう秘教は数多く存在した。そして、そのような神秘主義的宗教の場合、復活は決して死の前段階としての生への復帰ではなく、その生とは異質の新しい生の始まりという意味を持っていた。

だが、古代の日本人が、たとえば伊邪那岐神の黄泉での経験を語る神話を、このような秘教によって伝承し、このような密儀の形で展開するということがあったであろうか。

黄泉返り

古代ギリシア人がカタルシスとよんだ魂の浄化は、いま例に挙げたエレウシースの密儀においても、オルペウス教においても、ピュタゴラス教団にとっても、またソクラテスやプラトンの哲学の中でも、大きな意味を持っている。カタルシスは古代ギリシアの精神史の重要なキーワードであった。そして、古代の日本人にとっても、黄泉からの帰還後の伊邪那岐神に限らず、穢れを洗い流す禊《みそ》ぎは極めて重要であった。むろん、禊ぎも浄化儀礼なのである。

ただし、たとえば伊邪那岐神は黄泉の国で禊ぎをしたのではない。彼が禊ぎをしたのは無事に黄泉から逃げ帰って、黄泉と絶縁した後である。これは、エレウシースの大密儀で行われたプルートニオンの地下の冥界での浄化とは、決定的な相違である。伊邪那岐神の場合は、死んで新たに蘇るための浄化ではなく、死んで再び蘇った後の浄化である。

それに、死と復活の神話を秘教によって伝承し、神秘主義的な密儀という形で展開することのなかった日本人にとって、死んで新たな存在として蘇るための浄化が宗教の事柄として問題になってくるのは、おそらく他界を黄泉の国として表象していた時代よりも後のことであろう。

だが、今は黄泉の国のことに戻ろう。それは忌むべき死穢の充満する暗黒の世界であった。死穢が死の国で洗い流されるはずもない。その黄泉の国では、死穢と死霊とは完全には切り離されていなかったであろう。生きている身体にはとうてい起こりえない死体の異様な脹満、その死体から沸き出る膿《うみ》、群がり蠢《うごめ》く蛆《うじ》という類の表象を伴う死穢は、肉体と霊魂との分離を想定してもなお、黄泉の国に在る限りは霊魂にも染み込んでいるはずである。死霊もまた穢れていた。そこでは、浄化された霊魂が肉体を離脱して天の神々のもとに帰るという、ピュタゴラスやソクラテスやプラトンがカタルシスというキーワードに籠めた理想は、実現されるべくもない。

死ねば、人はこの穢れた闇の世界に入ることになる。その人が生き返らない限り、どうしようもない。生き返ったとき、それを「よみがへり」と言うのは、たとえば「復活」や「蘇生」や「再生」などとは違って、いかにも日本的な表現ではないであろうか。それを「蘇り」「甦り」「死還生」などと書くのは、いわば当て字にすぎない。

どのような人物かは不詳だが、通観僧《つうがんほうし》あるいは釈通観《しゃくつうがん》とよばれた僧侶がいた。呪願《かしり》をよくしたらしい。「かしり」とは普通は神に祈って人を呪うことである。ただ、左に引く歌の意味と作者が僧侶だったという点から見て、この場合は、祈りを唱えて仏の加護を願う呪願《じゅがん》だったであろう。娘たちが乾鰒《ほしあわび》を包んだのを持って行って、この僧侶に戯れに呪願を頼んだ。すると、通観がこう詠んだ（『万葉集』巻第三第三二七番）。

海若《わたつみ》の沖に持ち行きて放つとも　うれむそこれが死還生《よみがへ》りなむ

ここでは死者を放つのではなく、乾鰒を海の沖合に放つことが言われているのだが、乾鰒は、むろん、生きた鰒ではない。とうに死んでいる。その死んだ乾鰒をいくら大海の沖に放ってみたところで、どうして生き返ることがあろうか。「よみがへり」はありえないではないか。

ここでは鰒の蘇りが叶わぬことが歌われているが、「よみがへり」とは、本来の意味からすれば、人の「黄泉返《よみがへ》り」であり、黄泉からの反転であったことはいうまでもない。この表現は上代に始まり、今日もなお普通に用いられている。だが、かつてこの言葉に籠められていたであろう暗黒の死穢の世界からの帰還の願いは、今は忘れ去られて久しい。

亀の上の山

乙姫の郷里

唱歌「浦島太郎」

国定教科書『尋常小学唱歌（二）』に「浦島太郎」が収められたのは明治四四年（一九一一）であった。この文部省唱歌は以後、昭和二〇年（一九四五）の敗戦の少し後まで小学校二年生のための音楽教育の教材として用いられた。だから現在でも、かつてこれと対応する形で国語の時間に習った浦島太郎の方の記憶はもうかなり薄れてはいても、「昔々浦島は、助けた亀に連れられて、竜宮城に来て見れば、絵にもかけない美しさ」で始まるこの唱歌の方は、その歌詞と旋律とを鮮明に記憶している人口は、たしかに年とともに減ってはきたものの、まだ絶滅はしていないはずである。

浦島太郎は海辺で子供たちから苛《いじ》められていた亀を助ける。亀がそのお礼に太郎を竜宮城に案内すると、乙姫《おとひめ》様が大歓待してくれる。「乙姫様の御馳走に、鯛や比目魚《ひらめ》の舞踊《まいおどり》、ただ珍しく面白く、月日のたつも夢の中《うち》」。だが、太郎は竜宮城での遊びにも飽いた。「遊びにあきて気がついて、お暇乞《いとまごい》もそこそこに、帰る途中の楽《たのしみ》は、土産《みやげ》に貰った玉手箱」。その玉手箱を抱えて、亀の背に乗って帰還する浦島太郎。だが、「帰って見ればこは如何《いか》に、元《もと》居た家も村も無く、路に行きあふ人々は、顔も知らない者ばかり。心細さに蓋《ふた》とれば、あけて悔しき玉手箱、中からぱっと白烟《しろけむり》、たちまち太郎はお爺さん」。

国定教科書に出てくる浦島太郎の物語は、唱歌、国語ともに亀の報恩譚《たん》に仕立てられている。その点では、『尋常小学唱歌』より古い小学校用音楽教科書『幼年唱歌』(明治三三年)の場合も同様で、「むかしむかし、うらしまは、こどものなぶる、かめをみて、あはれとおもひ、かひとりて、ふかきふちへぞ、はなちける」から始まっている。太郎が大亀に案内された竜宮城は、「みればおどろく、からもんや、さんごのはしら、しやこのやね、しんじゆやるりで、かざりたて、よるもかがやく、おくごてん」であった。その竜宮城で、

「おとひめさまに、したがひて」、三年暮らした後、里心のついた太郎は故郷に戻る。だが、「かへりてみれば、いへもなし、これはふしぎと、たまてばこ、ひらけばしろき、けむがたち、しらがのぢぢいと、なりにけり」。

亀が恩返しのために浦島太郎を竜宮城に連れていったという要素以外に共通しているのは、竜宮城そのものも、その竜宮城で乙姫様と暮らした日々も、この世ならぬ素晴らしいものであったこと、それでも浦島太郎が故郷に戻ったこと、だが、その故郷は変わり果てていて、太郎が竜宮城から持ち帰った玉手箱を開くと、中から白い煙が出て、たちまち太郎が老人になってしまったことである。なお、『幼年唱歌』の場合、竜宮城が「からもん」すなわち唐門を備えていたことは、日本人の水中ないし水上他界の表象にかかわる事柄として、ここであらかじめ心に留めておきたい。

昔話「浦島太郎」

関敬吾編の『日本の昔ばなし』（岩波文庫）には、香川県仲多度《なかたど》郡で口承された昔話として、「浦島太郎」が出ている。「昔、北前の大浦に、浦島太郎という人がいました」と語り出されるこの昔話では、北風が毎日のように吹いて漁に行くことのできない秋のある日、空模様がよいのを幸いに浦島太郎が、老いた母親を残してひとり筏舟《いかだぶね》に乗って魚釣りに行く。だが、いつまで経っても魚は釣れず、亀を釣り上げた。太郎は亀を海中に放してやる。三度、同じことが繰り返された。日没後、空しく家に戻りかけた太郎の筏舟に渡海舟《とかいせん》が近づいて、船頭が「浦島さん、どうぞこの舟に乗っておくれ。竜宮の乙姫さまからのお迎えじゃ」と声をかける。浦島を乗せた舟は、海中にもぐって竜宮界に行った。

その竜宮界で三年暮らした後、浦島が乙姫から三重《みかさ》ねの玉手箱を貰って故郷に帰ると、様子が一変している。母親はすでに死に、わが家も、手洗い鉢の石と庭の踏み石の他は何ひとつ残っていない。「思案にくれて、箱の蓋をあけて見ると、最初の箱には鶴の羽が入っていました。もう一つの箱の蓋をあけて見ると、中から白い煙があがりました。その煙で浦島は爺になってしまいました。三ばんめの箱をあけて見ると鏡が入っていました。その鏡で顔を見ると、爺さまになっていました。ふしぎなことだと思って見ていると、さっきの鶴の羽が背中についてしまいました。そこで飛び上ってお母の墓のまわりを飛んでいると、乙姫さまが亀になって浦島を見に来て、浜へはい上っていました」。

亀を助けた主人公が竜宮界に案内され、そこで楽しく暮らした後に故郷に帰ると、すっかり様子が違う。それは竜宮界という他界ではわずか三年経ったにすぎなかったが、現世ではるかに長い時が流れ去っていたからである。この現世との時間経過の大きな差が他界の基本的特徴のひとつであるのは、なにも竜宮界に限ったことではない。玉手箱の中から白い煙が出て太郎が老人になってしまう点も、唱歌の浦島太郎と共通である。ただ、その玉手箱が三段重ねだった点、太郎が鶴に変身し、乙姫も亀としての正体を見せた点が、唱歌とは違う。この昔話は「乙姫さまが亀になって浦島を見に来て、浜へはい上っていました」と語った後、すぐ続けて、「鶴と亀とは舞をまうという伊勢音頭は、それから出来たものだそうである」と、昔話に課せられた役割のひとつ、事物の起源を説明するという重要な役割を果たして話を終える。しかし、鶴亀の舞は伊勢音頭だけではない。これは、決して、たんに伊勢音頭の起源を説明するだけの昔話ではないのである。

昔話「浦島」

同じ『日本の昔ばなし』には、この「浦島太郎」にすぐ続いて、鹿児島県大島郡に伝わる昔話「浦島」が収録されている。ただし、「人間に命《いのち》をくれるのも、位をさずけてくれるのも、にら（竜宮）の神さまだということであります」と語りだされるこの昔話の中に、浦島太郎の名前は出てこない。

むかし、兄弟がいた。弟は狩りが上手で、兄は漁が上手であった。ある日、道具を取り替えて、兄が山に狩りに行き、弟が海に釣りに出掛ける。兄は鳥を撃つことはできなかったが、弾丸は拾って帰った。弟は魚を釣ることができず、しかも釣針も無くしてしまう。兄になじられて釣針を探しに出た弟が、夜昼三日のあいだ海を歩きまわっていると、白髪の老人に出会う。老人に何を探しているのかと尋ねられて、弟は事の次第を話す。では私の背中に乗れと言われて、弟が老人の背中に乗ったかと思うと、二人はいつの間にか竜宮に着いていた。

にら（竜宮）で弟は楽しく三日を過ごす。「その三日が人間界では三百年になっていました」。この時間経過の大きな差は、むろん、竜宮が他界であることを示す。三日たって、弟が郷里に帰ろうとすると、老人がこの箱を決して開けてはならない、開けると難儀をすることになると言って、「年とらぬ息《いき》をこめた小箱」をくれた。その箱をもらった弟は、また老人に背負われて郷里に戻る。この小箱が浦島太郎の玉手箱に当たることはいうまでもない。

郷里の様子が一変していたのも、途方に暮れたあげく主人公が箱を開けてしまうのも、浦島太郎の場合と同様である。箱を開けると、「中からしししっと音がして煙が出て、弟はその煙にのって天にのぼってしまいました」、というのが、この昔話の結末である。ここでは、主人公は急速に老化するのではなく、あっさり昇天しているが、いずれにせよ箱から煙の出たとたんに、それまで停止していた現世の時間が急激に動き出して、主人公は現世の時間の秩序の中に立たされることで老い、もしくは死ぬことになる。しししっと音を立てながら出た煙は、他界で留保されていた「年とらぬ息」であり、ひとたび留保が解かれればその息の持ち主が年とるのは当然であろう。それは他界で「玉手箱」という名の手箱の中に留保されていた玉、すなわち魂《たま》が白煙となって出た場合と、まったく同じなのである。

だから、浦島太郎の名前は出てこなくとも、この昔話の基本的構造は「浦島太郎」と同一と見ていい。ただし同時に、この昔話「浦島」には、結末はまったく違うものの、記紀神話の「海幸山幸」と共通の要素もある。『古事記』の記述に従って、ここで、その神話を引き合いに出しておきたい。

神話「海幸山幸」

むかし、兄弟がいた。弟の火遠理命《ほおりのみこと》すなわち山佐知毘古《やまさちびこ》は狩りが上手で、兄の火照命《ほでりのみこと》すなわち海佐知毘古《うみさちびこ》は漁が上手であった。ある日、道具を取り替えて、兄が山に狩りに行き、弟が海に釣りに出掛ける。弟は釣針を無くしてしまった。兄になじられて釣針を探しに出た弟の前に、塩椎神《しおつち》が現れる。弟は塩椎神に事の次第を話す。相手は目の堅く詰まった竹の籠の小舟を作り、それに山幸彦を乗せて海に押し出してくれた。行く先は綿津見《わたつみ》神の宮、つまり海神の宮殿である。

海神の娘の豊玉毘売《とよたまびめ》と結婚した弟は、この海神の宮に暮らすこと三年に及んだ。ある日、自分が釣針を探していたことを思い出して、ため息をつく。その理由を聞いた海神が魚たちを集めて、その釣針を見つけてくれた。釣針を持って故郷に戻った弟が、海神の教えどおりにすることで兄に打ち勝ったことや、豊玉毘売の出産のことなどについては、いまは触れる必要はない。要するに、神話は途中からは昔話「浦島」とはまったく違った形で展開していくのだが、山幸彦が海神の宮で釣針のことを思い出すまでの部分には「浦島」と共通のものがある。そして、何よりも、主人公の行く先が水中ないし水上他界であり、主人公がその他界から現世に帰還した点で、この神話はこれまで見てきた浦島太郎の伝説と共通である。
その他界である海神の宮を、塩椎神は「魚鱗《いろこ》の如《ごと》造れる宮室《みや》」と、あらかじめ山幸彦に言っている。建造物が魚鱗のように重なり合っているという形容であろうか。『日本書紀』は、その宮には城門が整然と立ち並んで、高殿《たかどの》が光り輝いていたと述べている。あるヴァージョン（神代下第十段一書第一）の表現をそのまま引けば、「其の宮は城闕《かきや》崇華《たかくかざ》り、楼《たかどの》台《うてな》壮《さかり》に麗《うるは》し」。表象《イメージ》としては、中国風の壮麗な宮殿ではないであろうか。

伝説「藤槙淵」

高木敏雄の『日本伝説集』（大正二年）が「水界神話的伝説」に分類している伝説の中に、紀伊国東牟《む》婁《ろ》郡本宮の人から報告された伝説「藤槙《ふじまき》淵《ふち》」があって、乙姫が登場している。藤槙淵とは本宮の東、熊野川沿いの淵で、いつも青い水が渦巻いている物凄い淵で、その向こう側に槙の古木があり、その幹に藤が絡みついている。
ある年の夏、本宮の笛の名手の老人がここの岩の上で秘蔵の笛を吹いているうちに、突風のために笛が淵に落ちた。老人は笛が惜しくて、淵の中に躍り込む。「見ると、淵の中には、一面に青畳を敷詰めて、花のやうな乙姫が機《はた》を織つてゐる。そして、其《その》傍には石の竈《へっつひ》が据ゑてあった。……老人は乙姫の歓待に心ならずも、三日の間逗留して、さて、笛を貰つて、乙姫に淵の上まで見送られて、喜び勇んで帰つて見ると驚いた、三日と思つてゐる間に、早や三年の月日が経つてゐた」。

この伝説には、亀も玉手箱も出てこない。すでに老人の葬式を済ませていた家人が、三年目の仏事の最中に帰ってきた老人を見て喜ぶ。いわば、めでたしめでたしの話である。ただし、伝説の結びはこうである。「今でも、淵の水の澄切つた時分には、石の竈が見える、とか云ふ話である」。他界は遠くない。青く渦巻く水が澄みきれば、乙姫の住まいの石の竈が見える。

同時に、この伝説は、日本人にとって、乙姫の住む水中他界が必ずしも海の彼方に限らなかったことの一例でもある。深く神秘な水を湛《たた》えたところなら、日本人はどこにでも竜宮を思い描くことができた。

乙　姫

乙姫《おとひめ》の「おと」とは、年若いものの称である。兄《え》に対する弟《おと》であり、古くは弟だけでなく妹も「おと」であった。だから、「おとひめ」とは妹姫でもあれば、端的に年若い姫でもあった。

うら若い女性を水中ないし水上他界に配するのは、その他界が黄泉《よみ》のような暗く穢れた世界とは思われていなかったからであろう。それは、水の浄化力のしからしめるところだったであろうか。水は死穢をも洗い流す。想像力は乙姫を、地下の黄泉醜女《よもつしこめ》とは逆に、ただ若いだけでなく、美しい女性として表象したであろう。

房総半島以南の浅い海に棲息する、体長六《チセン》ほどの透明な身体に赤い横縞が入り、白い触角を長く伸ばした可憐な海老を、日本人は乙姫海老《おとひめえび》とよんだ。相模湾の深い海底の砂の中に一《メートル》半ほどの柄の下端を埋め、上端からは無数の桃色の触手を花のように垂らした美しい腔腸《こうちょう》動物を、日本人は乙姫の花笠と名づけた。それは、この世の者には容易には見ることの叶《かな》わぬ水中他界の美しい少女の、いわば、この世での身代わりとでもいった命名であった。

浦島太郎が海の彼方の国で乙姫と出会い、親しみ、壮麗な竜宮で現世の苦労のいっさいを忘れ、時の流れを忘れてともに暮らした歓楽の日々と、この世に戻って後の孤独の中での急激な老化の現実とのあまりにも大きな落差のゆえに、かえっていっそう、物語を聞く者の夢想は彼女の周りを漂ったであろう。黄泉醜女が死穢の象徴だったとするなら、乙姫は清らかに澄んだ水の中なる他界の美しさを象徴する存在であった。

御伽草子「浦島太郎」

浦島太郎の物語が亀の報恩譚仕立てになったのは、彼が御伽草子《おとぎぞうし》に登場した頃からであろうか。もしそうなら、いくら溯ってもせいぜい室町時代ということになる。むろん、それ以前にも浦島伝説はあった。ただし、差し当たっては御伽草子の「浦島太郎」（岩波文庫版の『御伽草子』による）での乙姫の郷里を見ておきたい。もっとも、ここでは、彼女は乙姫の呼び名ではなく、女房として太郎の前に現れる。だが、やはり「美しき女房」なのである。

場所は丹後の国である。「昔丹後国に、浦島といふもの侍《はべ》りしに、その子に浦島太郎と申して、年の齢《よはひ》二十四五の男《をのこ》有りけり」。漁師であった。ある日、亀を釣り上げたが、もとの海に放してやる。翌日、一艘の小舟が彼の釣り舟に近づいてきた。美しき女房がただ一人乗っている。本国に送り届けてほしいとの願いを聞いて、同じ舟に乗って沖に漕ぎ出し、女房の言うままに一〇日余りの船路を辿った末に、やっと彼女の故郷に着いた。

「さて船より上《あが》り、いかなる所やらんと思へば、銀《しろかね》の築地《ついぢ》をつきて、金《こがね》の甍《いらか》をならべ、門をたて、いかならん天上の住居《すまゐ》も、これにはいかで勝《まさ》るべき。此《この》女房のすみ所、ことばにも及ばれず、中々申すもおろかなり」。築地塀は銀で築《つ》かれ、屋根の棟瓦《むながわら》や門は黄金という豪華さを伝える以外、とうてい筆舌では形容しきれない美しさというのである。文部省唱歌のいわゆる「竜宮城に来て見れば、絵にもかけない美しさ」を思い出す。現世的な表現のいっさいを凌駕《りょうが》する、美しい理想郷としての他界が、ここにある。この理想郷で、太郎は女房と夫婦の契りを結んだ。

「これは竜宮城と申す所なり、此所《このところ》に四方に四季の草木《さうもく》をあらはせり。入《い》らせ給へ、見せ申さん」と女房が言って、四方の戸をひとつずつ開けて見せる。東の戸を開ければ春の景色、南面《みなみおもて》を見れば夏の景色、西は秋、北は冬の光景が眼の前に展開する。むろん、ただ草木だけではなく、春は軒の近くに鶯が鳴き、夏は池に水鳥が遊び、空に蟬の声が響き、ほととぎすの声が聞こえるという具合の四季尽くし。現世での時の流れにはいささかも影響されず、いつでも、どの季節にも直結しうる他界なのである。この日常的な時間秩序をまったく脱却した他界で、主人公は女房と三年、ただし日常の時間経過の三年とはまるで異質な三年を暮らした。

浦島太郎が故郷の父母に会うために、三〇日の暇《いとま》を女房に申し出る。彼女は自分が実はこの竜宮城の亀であること、かつて太郎に生命を助けられた恩に報いるために彼と夫婦になったことを打ち明けた上で、「また是《これ》は自らがかたみに御覧じ候へ」、ただし「あひかまへてこの箱をあけさせ給ふな」と言いながら、「いつくしき箱を一つ」太郎に渡した。自分の形見として見てはほしいが、開けてはいけないと言われたその美しい箱を持って、浦島は故郷に帰った。「故郷《ふるさと》に帰り見てあれば、人跡《じんせき》絶えはてて、虎ふす野辺となりにけり」。

八〇ばかりの翁《おきな》に、「此所に浦島の行方《ゆくゑ》は候はぬか」と、太郎が尋ねる。「その浦島とやらんは、はや七百年以前の事と申し伝へ候」と翁が答えて、浦島の墓所と言い伝えられている古い塚を教えてくれた。その塚で涙を流した太郎が、「あけさせ給ふな」の禁忌《きんき》を破って、箱を開けることになる。

「此箱をあけて見れば、中より紫の雲三すぢ上《のぼ》りけり。是《これ》を見れば、二十四五の齢《よはひ》も、忽ちに変りはてにける」。ここでは、白い煙ならぬ紫の雲である。それでも、この雲の正体は、あの玉手箱から出た白い煙のそれと異なったものではない。それに、箱からそれが出たことによって青年が忽《たちま》ち老人になるのも、後代の浦島太郎の場合と同様である。むしろ、煙よりは雲の方が、玉すなわち魂の可視的な形象としては古い。ただ、それが白でなく紫の雲とされているのは、おそらく仏教的な浄土信仰の思い描いた阿弥陀来迎《あみだらいごう》の場面にたなびく紫雲の表象から糸を引くものであろう。

浦島は鶴になって、虚空《こくう》に飛び上がった。「そもそも此浦島が年を、亀がはからひとして、箱の中に畳み入れにける。さてこそ七百年の齢を保ちける。あけて見るなと有りしを、あけにけるこそ由《よし》なけれ」。御伽噺《おとぎばなし》というもの、もともと、そう理屈っぽいものではないはずなのに、この御伽草子「浦島太郎」の中で、この部分だけがいかにも理屈っぽい。箱の中に収められていたのは浦島の年齢だったという説明である。年齢が若いままにいわば凍結されていれば、たしかに七〇〇年経とうと老いることはない。だから、箱を開けたことで凍結が融けて急激に老いた、開けてしまったのだからしかたがない、というのは理屈としては通る。だが、理屈を言えば、箱から出た紫の雲の正体を二四、五のままに凍結保存されていた年齢と見るのは、やはり無理である。この御伽草子以前の浦島伝説に出てくる雲の意味からも、ここに魂を見るべきであろう。

鶴　亀

御伽草子「浦島太郎」は、まことにめでたく終わる。「浦島は鶴になり、蓬萊《ほうらい》の山にあひをなす。亀は甲に三せきのいわゐをそなへ、万代《よろづよ》を経《へ》しと也。扨《さて》こそめでたき様《ためし》にも、鶴亀をこそ申し候へ。只《ただ》人には情《なさけ》あれ、情の有る人は行末めでたき由申し伝へたり。其後《そののち》浦島太郎は、丹後国に浦島の明神《みやうじん》と顕れ、衆生済度《しゆじやうさいど》し給へり。亀も同じ所に神とあらはれ、夫婦の明神となり給ふ。めでたかりけるためしなり」。

丹後半島の北東海岸に沿った現在の地名は与謝郡伊根町本庄、かつての本庄村の字《あざ》浦島に宇良神社があり、いまは亀と一対の夫婦神としてではないが、浦島明神が祀られている。いささか意外に思われるが、この浦島明神は漁撈よりは農耕の神として崇《あが》められてきたようである。ただ、この神社のすぐ横の本庄浜の背後には標高三五八メートルの霊竜山が聳え、常世橋をくぐった筒川が大きく湾曲しながら、すぐ手前の入江に注ぐ。このあたりに多い岬のほとんどが、海に向かって大きく洞窟を開いている。

ところで、鶴と化した浦島太郎と亀としてのもとの姿に戻った女房とが夫婦の明神になった点を除けば、この御伽草子「浦島太郎」の末尾の部分には、初番物《しよばんもの》として祭祀的性格の強い能楽「鶴亀」のめでたさに連なるものがあろう。

時は一年の始め、舞台は月宮殿とよばれる唐土の華麗な宮殿である。玄宗皇帝が臣下の者たちから新年の拝賀を受けた。皇帝の長寿を寿《ことほ》ぐべく、「蓬萊山にも余所《よそ》なら」ない「池の汀《みぎは》の鶴亀」が舞楽を舞う。

亀は万年の齢《よはひ》を経、鶴は千代をや重ぬらん。千代のためしの数々に、千代のためしの数々に、何を引かまし姫小松。緑の亀も舞ひ遊べば、丹頂の鶴も一千年の、齢を君に授け奉り、……

たまゆらの現世の身の儚《はかな》さとはあまりに対照的な千年万年の齢は、むろん、現実の鶴や亀のそれではない。

浦嶋子伝説

筒川の浦嶋子

山陰海岸と若狭湾との間に、まるで亀の頭のように丹後半島が張り出している。その北東海岸の与謝郡伊根町、筒川が常世橋の下をくぐって海に出る本庄浜のあたりに、古代、日置の里の筒川《つつかわ》（管川）とよばれる村があった。その水《みず》江《のえ》（瑞江）の人、「浦嶋の子」としてまず伝説に登場した人物が、後世、浦島太郎の名を持つことになる。太郎は、御伽草子《おとぎぞうし》むきの、どこにでもいそうなありふれた名だが、浦と島との重なる浦島（浦嶋）の方は、明らかにこの人物を海に関連させた命名のしかたである。

雄略天皇二二年の「秋七月に、丹波国《たにはのくに》の余社郡《よざのこほり》の管川《つつかは》の人瑞江浦嶋子、舟に乗りて釣す」と、この人物についての『日本書紀』の記述は始まっている。丹後国でなく丹波国とあるが、丹波国のうち与謝郡を含めて五郡が丹後国から分置されたのは和銅六年（七一三）であるから、それ以前の話なら丹波国の余社郡で間違っていない。その余社は、むろん、与謝である。

　舟に乗りて釣す。遂に大亀《かめ》を得たり。便《たちまち》に女《をとめ》に化為《な》る。是に、浦嶋子、感《たけ》りて婦《め》にす。相逐《あひしたが》ひて海に入る。蓬莱山《とこよのくに》に到りて、仙衆《ひじり》を歴《めぐ》り観《み》る。語《こと》は、別巻《ことまき》に在り。

かなり簡単な記述である。「語は、別巻に在り」というその別巻は現存しない。ただ、この簡単な記述からも、主人公が釣った亀が人間の女性に変身し、彼の妻になり、夫婦が蓬莱山という現世とは異質な仙界に行ったという、伝説の要点は読み取れる。

　鎌倉末期の成立だが、現存最古の『日本書紀』注釈書である『釈日本紀』が、巻一二に『丹後国風土記』逸文を収録し、そこにこの伝説的人物についての記述が含まれている。その記述によれば、雄略天皇の時代、水江の浦嶼《うらしま》の子《こ》が「独《ひとり》小船に乗りて海中に汎《うか》び出でて釣するに、三日三夜を経《ふ》るも、一つの魚《うを》だに得ず、乃ち五色の亀を得たり。心に奇異《あやし》と思ひて船の中《うち》に置きて、即《やが》て寐《ねむ》るに、忽ち婦人《をみな》と為《な》りぬ」。

五色の亀、変じて婦人となったのは、「天上《あめ》の仙《ひじり》の家」から風雲に乗ってきた「神女《かむをとめ》」であった。その神女が言う、「君、棹を廻らして蓬莱《とこよのくに》に赴かさね」。そして、浦嶼の子を眠らせ、「不意《とき》の間に海中の博く大きなる嶋に」到着した。この神女の名は亀比売《かめひめ》。彼女の両親も浦嶼の子を娘の夫として迎え、「ここに、人間《ひとのよ》と仙都《とこよ》との別《わかち》を称説《と》き、人と神と偶《たまさか》に会へる嘉《よろこ》びを談議《かた》」った。かくて神女のもとに留まること三年、浦嶼の子は故郷の両親に会いたくなり、神女がそれに気づき、主人公は蓬莱を去ることになる。

別離に際して神女は玉匣《たまくしげ》を浦嶼の子に授けて、私のことを忘れずに戻ってきてくださる気がおありなら、「慎《ゆめ》、な開き見たまひそ」と言った。その玉匣を持って筒川の郷に着いたものの、「人と物と遷《うつ》り易《かは》りて、更に由るところなし」。他界ではわずか三年のはずだったのに、この現世ではすでに三〇〇年の時間が経過していた。

奈良朝末期から平安朝中期にかけての説話を集めた『古事談』には、「淳和天皇の御宇、天長二年乙巳、丹後国余佐郡の人、水江の浦島子、此の年松船に乗りて、故郷に到る」と書かれている。伝説に正確な年号はかえって眉唾だが、天長二年は西暦八二五年、『日本書紀』が船出の年としている雄略天皇二二年の方の年代は確定できないが、ほぼ西暦五〇〇年としても、およそ三〇〇年余りが経っている。日常の時の流れはいかにも迅《はや》い。

それはさておき、『風土記』は、「ここに、嶼子、前《さき》の日の期《ちぎり》を忘れ、忽に玉匣を開きければ」、一瞬にして彼の「芳蘭《かぐは》しき体《すがた》、風雲《かぜくも》に率《したが》ひて蒼天《あめ》に翩飛《とびか》けりき」と述べる。ここでは、玉匣の中から白煙ないし白雲が出たとは書かれていないが、主人公が禁忌を破って箱を開いたことで現世の時間秩序の中にあらためて組み込まれ、いっきょに若さを失ったことは明らかなのである。

海東憧憬

筒川の浦嶋子が赴いたのは、彼の住んでいた筒川の位置からすれば、丹後半島の東の洋上の彼方である。そこは蓬萊山とよばれる他界であった。「蓬萊山」あるいは「神仙の界」と書いて「とこよのくに」、「仙都」あるいはただ「仙」とのみ書いて「とこよ」と訓ませたにしても、これらの漢語が中国大陸から持ち込んだ神仙思想的な観念は払拭《ふっしょく》されず、道教的な表象は消えはしない。

中国大陸の大河は黄河にせよ、揚子江にせよ、東の海に注ぐ。海の彼方なる異界への思いは、いつしか海東憧憬という形をとった。

中国周末の戦国時代、山東半島北部沿岸地方で、方士たちが神仙思想を唱えはじめた。自分たちの薦めるような仕方で養生摂生すれば、不老長生の域に達して、神仙たりうるであろう。神仙たちは遥かな東方の海上にある蓬萊山、方丈山、瀛州《えいしゅう》山、この三山に、いまも幸せに生きている。そこを訪れるならば、不老不死の霊薬を手に入れることもできる。そう方士たちは説いた。秦の始皇帝がこの三神山に霊薬を求めに徐福を派遣した話は、よく知られている。

方士たちがまず登場したのは、黄河が渤海に流れ出ようとする地域だったといわれている。当時の都は洛陽のあたりにあった。西安の付近に都のあったのは西周、紀元前七七一年に洛陽の付近に都が遷《うつ》って以降が東周とされるが、西周・東周ともに周の都は黄河を溯った流域にあった。とすれば、この黄河を下って伝えられた古代中国文明は、この渤海の手前で、さらなる東方への伝播《でんぱ》の回路を探っていたことになる。回路は二つあった。一つは朝鮮半島北部への沿岸沿いの回路である。もう一つは海路、海東憧憬に促されつつ三神山の方向を目指した。といえば、いかにも非現実的に思われるが、それは周末の戦国時代に終止符を打った始皇帝の命を受けた徐福が、不老不死の金丹《きんたん》を求めた船路の末に辿り着いたという伝説を持つ、この日本の方角でもあった。

戦国の世を経て周から秦に王朝を移行しようという時期に、方士たちが神仙という理想像と三神山という理想郷を思い描いた背景には、戦国七雄の割拠した争乱の時代の社会不安もあったはずだし、中国古来の山岳信仰の影響もあったに違いない。また、渤海に浮かぶ蜃気楼《しんきろう》という自然現象が、東方への憧憬を増幅させたという面もあったであろう。ともあれ、その東方の日本にも彼らの思いはかなり早くから伝わり、とりわけ蓬萊山が「とこよのくに」と訓まれることで、日本人の他界観の中に所を得ることになった。

浦嶋子伝説に即して言えば、建暦二年（一二一二）から建保三年（一二一五）にかけて成立した、すでに引き合いに出した『古事談』が浦嶋子の帰郷について述べた後に、「此の事、浦島子伝に云はく」として引用している『浦嶋子伝』を開くと、さながら中国大陸の神仙譚を読む思いがする。

たとえば、霊亀変じて美女となった神女が主人公にむかって、「妾《われ》は是《これ》蓬萊山女、金闕の主也《なり》。不死の金庭、長生の玉殿が、妾《わ》が居る処也。父母兄弟は彼《か》の仙房に在り。妾、世に在つては夫婦の儀を結び、而我《またわれ》、天仙と成つては蓬萊宮中に楽しむ」と自己紹介したり、二人して玉房に入った後は、「朝《あした》には金丹石髄を服《の》み、暮れては玉酒瓊漿《けいしゃう》を飲む」という生活ぶりである。

また、文中に延喜二〇年（九二〇）の八月朔日に成ったと自署する『続浦嶋子伝記』にも、同様の表現が随所に出てくる。というより、いっそうエロティックかつ神仙譚風のものになっている。

この『浦嶋子伝』や『続浦嶋子伝記』の表現は、中国六朝時代後半以降に成立した道教教典、たとえば『金庭無為妙経《きんていむいみょうきょう》』や『度人上品妙経《どにんじょうぼんみょうきょう》』、もしくはこれらの教典を踏まえた文章の影響のもとで出てきたものと推測される。

亀の上の山

蓬萊山の神女がまず亀の姿で主人公の前に出現するのも、この中国的な仙界と亀との結び付きを前提とするものであろう。その結び付きを示す例に、『列子』の「湯問第五」がある。そこで、物に大小、長短、同異があるかとの殷の湯王の問いに答えた中で、夏革《かきょく》がこう語っている。

渤海の東、幾億万里とも知れぬところに、大きな、底無しの谷間がある。その下には底が無く、名づけて帰墟《ききょ》という。その帰墟の中に五つの山があって、その第五の山が蓬萊である。五つの山の根は連著《れんちゃく》するところなく、常に潮波に従って上下往還し、留まり聳えるということがなかった。そのため、仙聖が天帝にむかって、何とかしてくださいと頼んだところ、天帝は北極の神である禺彊《ぐうきょう》に命じて、「巨鼇《きよがう》十五をして首を挙げてこれを戴き、迭《たがひ》に三番をなして、六万歳に一たび交《かは》らしむ。五山始めて峙《そばだ》てり」。巨大な亀が一五匹、仙山は五つ。だから、亀たちは交互に三匹ずつ組んで首を挙げて一つの山を支え、六万年に一度交代する。これで、五山は安定した。

この結び付きなしに、たとえば『紀貫之集』中の次の歌も生まれてこない。

かめやまのかげをうつしてゆく水に　こぎくる舟はいくよへぬらん

『源氏物語』の「胡蝶」の帖の次の歌も同様である。

亀の上の山も尋ねじ船のうちに　老いせぬ名をばここに残さむ

しかも、これらの歌の情景には、浦嶋子を乗せた舟の影も見える。

常世の国

ところで、日本人が蓬萊山を「とこよのくに」と訓んだその「とこよ」とは、たとえば天照大御神が岩窟に籠ったために全宇宙が真っ暗闇になった、「此れに因りて常夜《とこや》往きき」と『古事記』の伝えている、あの常夜ではない。常夜は「とこよ」とも訓まれたが、この常夜は永久に夜が続いて、昼の明るみのまったく消滅したことを意味している。

他方、たとえば蓬萊山が「とこよのくに」と訓まれる場合の「とこよ」とは、現世とはまったく異質な、しかも永久不変の国としての「常世」であり、他界なのである。垂仁天皇の命を受けて多遅摩毛理《たじまもり》（田道間守）が「非時《ときじく》の香菓《かくのみ》」を採りに行った国も、常世《とこよ》であった。垂仁天皇崩御の後に帰国したこの使者は、『日本書紀』では、「是の常世国は、神仙《ひじり》の秘区《かくれたるくに》」だから俗人には行けない場所だと語っている。ここにも、神仙思想の影響がある。

おそらく、現世での生活とはまったく異質な世界、日常的現実の中での時間の流れとは完全に無縁な他界としての常世を、日本人はかなり古くから海の彼方に想像していた。たとえば、出雲の美保崎にたたずむ大国主神に向かって天《あめ》の羅摩舟《かかみぶね》に乗って近づいてきた少《すく》名毘古那《なひこなの》神の故郷である。この神は大国主神に協力して国土の建設に当たったが、「然《さ》て後は、其の少名毘古那神は、常世《とこよ》国に度《わた》りましき」と、『古事記』は述べている。そのような常世の国が、中国から渡来した神仙思想の影響のもとに美化され、一種の理想郷になったのであろう。

ただし、田道間守の赴いた常世が必ずしも東方洋上でなく、たとえば済州島に擬せられてもいいように、日本では中国の方士のいだいたような海東憧憬よりも、方位はどうあれ、ひたすら海界《うなさか》の彼方の常世への憧憬そのものが、この世に生きる者の想像力を掻き立てたのであった。その想像力の描き出す表象は、必ずしも霊亀の出現を契機とはしていない。

常世辺

この日本人の想像力の見事な所産のひとつを、私たちは『万葉集』の中に見いだす。巻第九の「雑歌《ざふか》」のうち、「水江の浦嶋の子を詠む一首」（第一七四〇番）ならびに短歌（第一七四一番）である。

春の日の　霞める時に　墨吉《すみのえ》の　岸に出で居て　釣船の　とをらふ見れば　古《いにしへ》の　事
そ念《おも》はゆ　水江《みづのえ》の　浦嶋の児の　堅魚《かつを》釣り　鯛釣り矜《ほこ》り　七日《なぬか》まで　家にも来ずて
海界《うなさか》を　過ぎて榜《こ》ぎ行くに　海若《わたつみ》の　神の女《をとめ》に　たまさかに　いこぎむかひ　相誂《あひあと》ら
ひ　言《こと》成りしかば　かき結び　常代《とこよ》に至り　海若《わたつみ》の　神の宮の　内のへの　たへなる
殿に　携《たづさ》はり　二人入《い》り居て　耆《お》いもせず　死にもせずして　永き世に　有りけるも
のを　世間《よのなか》の　愚人《おろかひと》の　吾妹児《わぎもこ》に　告げて語らく　須臾《しましく》は　家に帰りて　父母に

事も告《かた》らひ　明日の如《ごと》　吾《われ》は来なむと　言ひければ　妹《いも》の答《いへら》く　常世辺《とこよへ》に　復《また》かへり来て　今の如《ごと》　あはむとならば　此の篋《くしげ》　開くなゆめと　そこらくに　堅《かた》めしことを墨吉《すみのえ》に　還り来《きた》りて　家見れど　宅《いへ》も見かねて　里見れど　里も見かねて　恠《あや》しとそこに念《おも》はく　家ゆ出でて　三歳《みとせ》の間《ほと》に　垣も無く　家滅《う》せめやと　此の筥《はこ》を　開きて見てば　本《もと》の如《ごと》　家は有らむと　玉篋《たまくしげ》小《すこ》し披《ひら》くに　白雲の　箱より出でて　常世《とこよ》辺《へ》に　棚引け去《ぬ》れば　立ち走り　叫び袖振り　反側《こいまろ》び　足ずりしつつ　頓《たちまち》に　情消《こころけ》失《う》せぬ　若かりし　皮《はだ》も皺《しわ》みぬ　黒かりし　髪も白《しら》けぬ　ゆなゆなは　気《いき》さへ絶えて後《のち》遂に　寿《いのち》死にける　水江の　浦嶋の子の　家地《いへどころ》見ゆ

反歌

常世辺に住むべきものを剣刀《つるぎたち》己《な》が心からおそや是《こ》の君

海神と山守

山幸彦海へ

浦嶋子《うらしまのこ》伝説の主人公は、海辺に住む漁夫であった。その限り、乙姫《おとひめ》の住む海の彼方の他界と彼との結び付きは、いわば自然といっていい。だが、その乙姫の郷里との関連で見ておいた昔話「浦島」や神話「海幸山幸」の場合はどうであろうか。

話の中に浦島太郎の名の出てこないにもかかわらず「浦島」とよばれた昔話の場合、漁の上手な兄と狩りを得意とする弟とが道具を取り替えて、兄が山に狩りに、弟が海に釣りに行く。無くしてしまった釣針を探している弟を、白髪の老人が竜宮に連れて行った。

神話「海幸山幸」の場合も、漁の上手な兄、火照命《ほでりのみこと》と狩りを得意とする弟、火遠理命《ほおりのみこと》とが道具を取り替えて、兄が山に狩りに、弟が海に釣りに行く。無くしてしまった釣針を探している弟の前に塩椎神《しおつち》が現れ、彼を小舟に乗せて海神の宮殿に向かって押し出してくれた。

昔話「浦島」は兄弟の名を伝えていないが、かりに神話に倣《なら》って兄を海幸彦、弟を山幸彦とよんでも、昔話の意図は決して損なわれないであろう。その昔話と神話、どちらの場合も、海の彼方の他界を訪れたのは、海での漁を得意とする、だから海のことならよく心得ているはずの兄の海幸彦ではなく、逆に山に慣れ親しんできて、だから海についてはまったく不案内な弟の山幸彦の方であった。

山幸彦を迎えたのは、山神《やまつみ》でなく海神《わたつみ》の娘であった。その海神の娘と、彼は夫婦の契りを結ぶ。現世の常識からすれば、山幸彦の妻には山神の娘が相応しい。だが、他界で、彼は海神の娘を妻にした。海神の宮に山幸彦が受け入れられ、海神の娘を娶ることができたのは、なぜであろうか。ここでは、むろん、後の世の「浦島太郎」が強調するような亀の恩返しは問題にならない。むしろ、神話の主人公である山幸彦自身の持っていた他界性が、問われてしかるべきであろう。

海幸山幸の神話は、山幸彦が兄の海幸彦に向かって「各佐知《おのおのさち》を相易《あひか》へて用ゐむ」と言いだしたのが発端である。ここで、佐知《さち》とは漁猟の道具であった。だが、海幸山幸の幸《さち》がたんに漁猟の道具のみでなく、その道具で得た獲物を意味したことはいうまでもない。

山の幸

たとえば、倭建命《やまとたけるのみこと》が常陸《ひたち》の国、多珂《たか》の郡《こおり》、飽田《あきた》の村に宿泊した時、この野を上っていくと鹿が多く、また海には大きな鮑《あわび》魚をはじめ、さまざまな魚が釣れると、土地の者が教えた。そこで、倭建命は自分は野に狩りに出掛け、后の弟橘比売《おとたちばなひめ》を海に行かせる。野の狩りは一日かかっても一頭の獣も獲ることができなかったが、海の釣りはまことに大漁であった。食事の時、倭建命が、今日は野の物は取れなかったが、海の物は飽きるほど味わったと言ったのが飽田という村の名の起こりであると、『常陸国風土記』が伝えている。

この弟橘比売と海との結び付きは、まるで走水《はしりみず》の海での入水という後の彼女の運命を暗示するかのようにも思われるが、それはさて措《お》いて、いまは倭建命、『風土記』の表記では倭武天皇《やまとたけるのすめらみこと》」の夕餉《ゆうげ》の折の言葉に、「今日の遊《あそび》は、朕《われ》と家后《きさき》と、各《おのおの》、野と海とに就《つ》きて、同《とも》に祥福《さち》を争へり」とある、その「祥福」に注意したい。この言葉について文中、「俗《くにひと》の語《ことば》に佐知《さち》といふ」との注記がある。

この「さち」が第一には漁猟の獲物であること、ただし第二には「祥福」の文字が示すように幸福の意味をも含んでいたことは、明らかであろう。

山幸とは狩りに使う弓矢の類でもあったが、また、その弓矢を用いて山で取れる獲物、つまり山に棲む鳥獣でもあったし、さらに、その獲物は山神によって与えられた幸せでもあったはずである。狩人は自力だけで、この「さち」を獲たのではない。それは山神の恩恵でもあった。

海人と山人

山は鳥獣を狩る場でもあったが、薬草の類を採る場所でもあった。古くは狩りという言葉に、薬草採取の意味もあったのである。また、山は木を伐り出したり、炭を焼くところでもあった。海幸と対比させて山幸が言われる場合には、とくに海の魚類に対して山の鳥獣と、その鳥獣を狩るための道具とを意味したにしても、山の幸はそれだけに尽きるものではなかった。

海幸彦である兄の火照命との対比の上では、山幸彦としての弟の火遠理命は、とりわけ海人《あま》に対する山人《やまびと》としての役割を担うことになる。兄が海人の祖であるとすれば、弟は山人の祖であった。海幸彦、山幸彦という呼び名からしても、それがこの兄弟それぞれの神話的存在としての基本的役割でもあったであろう。

『日本書紀』は、応神天皇の「五年の秋八月《はつき》の庚寅《かのえとらのひ》に、諸国《くにぐに》に令《のりごと》して、海人《あま》および山守部《やまもりべ》を定む」と伝えている。山幸彦は、その山守部の神話上の祖先でもあったことになろう。

ところで、幸《さち》とは漁猟の獲物でもあったが、同時に、その獲物自体が神霊から授かった祥福《さち》でもあった。山幸は山神の恩恵でもある。とすれば、かつて普段は人里離れた山中に生活し、節季ごとに聖なる山の産物としての山苞《やまずと》を土産に里を訪れた、あの山部《やまべ》とよばれた集団から、この応神天皇の代、山守部に引き継がれたであろう資格、すなわち山神に仕える者としての資格を、私たちは山幸彦にも認めねばならない。つまり、山幸彦は山神に仕える山人としての資格において、山の幸の管理者たる山守でもあったであろう。

山守の役割

聖武天皇の神亀五年（七二八）、天皇の難波《なにわ》の宮への行幸に際して、従者《ずさ》の詠んだ歌の一つ（『万葉集』巻第六第九五〇番）に、次のようなものがある。

大王《おほきみ》の界《さかひ》賜ふと山守居《す》ゑ　守《も》るとふ山に入らずは止《や》まじ

言わんとするところは、いわば他愛ない。いくら彼女が見張られていようと、どうしても彼女に逢わずにおくものか、という決意である。ただし、直接の意味としては、大君が境界をお定めになって山守を置いて守らせておいでになるという山に、私はどうしても入るつもりだ、ということになる。いまは、その直接の意味の方での山守について考えてみたい。

ここで、山守は、人が山の境界の中に勝手に立ち入らないように、文字どおりに山を守っている。古代人にとっては、界《さかい》は安易に越えてはならぬものであった。では、どうして山に境界が必要で、しかも、ただ境界を定めただけでは足りず、山守を置かねばならなかったのであろうか。この歌の場合、どこの山かは定かでない。だから、一般論になる。

第一に、山の幸の管理が必要であった。入会《いりあい》ということが言われるようになるのは、はるか後世、鎌倉時代あたりからであろうが、昔から入山の権利はどこの誰にも認められていたわけではない。とりわけ幸の豊かな山林には、山守が必要であった。特定の山林を守るべき山部あるいは山守などの氏族も、かなり古くから諸国に存在したはずである。これは山守の置かれた、いわば経済的な理由である。だが、別の理由もある。

第二に、山守は陵墓の管理者でもあった。その場合、山麓に定められた境界はそのまま現世と他界との境に他ならない。一際《ひときわ》高いことで周囲の土地から区別される山は、もともと俗界とは異質な世界として、宗教的な意味を持っていたに違いない。

古くから、その山の上や山坂に墳墓の営まれることは多く、山《やま》という言葉自体に墳墓や葬地の意味もあった。たとえば、桐壺院の墓を拝みに北山に出掛けようとした源氏が、まず藤壺のもとを訪れて、「御山に参り侍《はべ》るを、御言伝《ことづて》や」、これからお山へ参るつもりですが何かお言伝てはありませんか、と尋ねる（『源氏物語』「須磨」）。

播磨《はりま》の国、揖保《いいぼ》の郡《こおり》に香山《かぐやま》とよばれる里があった。もとの名は鹿来墓《かぐはか》だったという。『播磨国風土記』が、この名の由来を説明している。

鹿来墓《かぐはか》と号《なづ》くる所以《ゆゑ》は、伊和の大神、国占《し》めましし時、鹿来て山の岑《みね》に立ちき。山の岑、是《こ》も亦《また》墓に似たり。故《かれ》、鹿来墓と号く。後、道守臣《ちもりのおみ》、宰《くにのみこともち》たりし時に至り、乃《すなは》ち名を改めて香山《かぐやま》と為《な》す。

これは山の峰を鹿の墓に見立てた例だが、古くから山が埋葬の地でもありえた以上、そのような山そのものを全体として墳墓と見立てるのは、むしろ自然の情であった。たとえば天平一一年（七三九）、「亡《みまか》りし妾《をみなめ》を悲傷《かなし》びて」大伴家持《おおとものやかもち》の詠んだ歌の一つ（『万葉集』巻第三第四七四番）は、それまでは自分と無縁なものと思っていた佐保山も、彼女の墓として見れば「はし」、つまりいとおしいとの詠嘆である。

昔こそ外《よそ》にも見しか吾妹子《わぎもこ》の　奥槨《おくつき》と念《も》へばはしき佐宝山《さほやま》

山へのこのような思い入れは、古来、決して珍しいことではなかった。山を墳墓と見るのは、実際、山に墳墓としての意味があったからに違いない。とすれば、山守が墳墓としての山を守るべき者だったとしても、決して不自然ではないのである。

山人の他界性

山幸彦がこの役割をも含めた意味での山守であったとする証拠は、どこにもない。記紀神話は彼を、海での漁に秀でた兄とは対照的に、山での狩猟を得意とする弟として紹介しているにすぎない。ただ、この兄弟の海幸彦・山幸彦というよび名は、兄が海神、弟が山神の恩恵としての幸に深くかかわっていたことを示す。とすれば、兄弟はそれぞれの幸を授けてくれる神に仕える海人と山人であった。

だが、ここに基本的な相違がある。海人たる兄の仕えるべき海神の宮居が海界《うなさか》を越えたはるか彼方の他界であるのに対して、山人たる弟にとっては、里から山辺への境を一歩踏み越えれば、そこはもう他界であった。しかも山は、ただ山神の霊威に満ちた他界であっただけではない。古来、山それ自体が葬地として他界たりえた。山幸彦にとっては、生活の場が他界であったといっていい。

この山幸彦の他界性が、彼を海神の娘と結び付ける。一見、不自然なようだが、この婚姻は実は自然なのである。この神話では海神の宮はまだ蓬萊山とよばれてはいないが、その宮居の描写は中国の宮殿を思わせる。中国大陸から渤海を渡って、出雲神話の故郷にやがて海上他界としての蓬萊山の表象が根づくとき、山幸彦の訪れた海神の宮は、彼の生活の場であった山という他界の性格を、いっそう鮮明に受け入れることになる。

白雲のたなびく彼方

山中他界

「高野聖」

飛驒《ひだ》の山々を越えて信州に向かおうとした旅の僧が、麓の茶屋で一緒になった富山の薬売りと前後して、間道に入り込む。深山幽谷の奥に馬の嘶き《いなな》が聞こえ、一軒家があった。とても山家《やまが》の者とは思えぬ、都にも稀な器量の女が、宿を乞うた旅僧を迎える。泉鏡花の『高野聖《こうやひじり》』である。

谷川が岩にかかって淀みを作っている水場に、女が僧を連れて行って、汗を流してくれた。彼女自身も裸になって水で身体を清める。道中、蟇蛙《がま》や蝙蝠《こうもり》や猿がまといついて悪戯《いたずら》をしかけるが、そのつど、お客様がいらっしゃるからと言って、彼女は追い払った。彼女と連れ立って一軒家に戻った僧に、この女を嬢様とよぶ得体の知れない親仁《おやじ》が声をかける。

「やあ、大分手間が取れると思ったに、御坊様旧《もと》の体で帰らっしゃったの」。

親仁が諏訪湖のあたりの馬市に出すと言って、馬を引き出した。馬が逆らう。すると、女が馬の前に立って、着ていた単衣《ひとえ》を脱いだ。馬が鼻面を地につけて前足を折ろうとする瞬間、女は片手で持っていた単衣をふわりと投げて馬の目を蔽う。おとなしくなった馬を親仁が連れ出す。彼は翌日には、その馬を売った銭《ぜに》で買い物をして戻ることになる。周知の作品なのでいちいち筋を辿ることはしないが、この馬は旅僧を追い抜いて間道に入った富山の薬売りが女によって変えられた姿なのである。

女は、もとより、日常の世界の住人ではない。彼女が棲んでいるのは、異界とも表現すべき一種の他界なのだが、ただ、そこでの生活は現世の経済秩序に従っている。だから、足腰の立たぬ心身障害者の夫にかしずいて暮らす女の経済を支えるために、親仁がこの他界と現世とを往復している。ために、時間秩序もまた現世と同質であり、浦嶋子《うらしまのこ》伝説などの他界に見られるような、現世との時間経過の差は、ここには存在しない。

深夜、戸の外に魑魅魍魎《ちみもうりょう》が迫る。女もうなされている。今夜はお客様があるよと女が言って、寝返りを打つ音が聞こえる。戸の外のものの気配が一段と高まる。僧が一心不乱に陀羅尼《だらに》を呪すと、気配はさっと消えた。

翌日、馬市から戻った親仁が、女に心奪われて、この異界で暮らそうかと思いはじめていた旅僧に、女が心身障害者を夫としてここに暮らすことになった経緯を教える。

医者の娘として生まれた嬢様に手で触れられると、病人の苦痛が薄らぐ。手を握ってもらえば、熊蜂の巣に手を突っ込んでも平気である。彼女がいま一緒に暮らしている夫も、もとは脚に腫れ物ができて彼女の父親の医者の家に連れて来られた子供だった。膏薬を剝がす時、硬くこわばったのがめりめりと肉にくっついて取れ、ひいひい泣くその子に、彼女が手をかけてやれば黙って痛みに耐えた。やがて手術となり、どこをどう切り違えたか、生命は取り留めたものの身障者になった子供を、医者が娘に送らせたのが、この一軒屋である。その時分はまだ二〇軒近く家のある場所だったが、娘がついほだされて逗留しているうちに大雨が降り、洪水が起こって、生き残ったのは娘と、身障者になった子供と、村から娘の供をしてきたこの親仁ばかり。同じ洪水で医者の一家も死に絶えた。それ以後は嬢様の神通力はいよいよ増して、道に迷った旅人は彼女の思うままに、はっと一呼吸で変ずる。このあたりの猿も蟇蛙も蝙蝠も兎も蛇も、もとはといえば、みな嬢様に谷川の水を浴びせられて畜生になった旅人である。

「妄念は起《おこ》さずに早う此処を退《の》かっしゃい、助けられたが不思議な位、嬢様別してのお情《なさけ》じゃわ、生命冥加《いのちみようが》な、お若いの、きっと修行さっしゃりませ」。そう言い残して、親仁は去った。旅僧の魂は、身に戻った。

馬に変えられる薬売りの売っていたのが反魂丹《はんごんたん》とした点に、作者がいささかのアイロニーを籠めたかどうかは不明だが、「藻抜けのように立っていた、私《わし》が魂は身に戻った」旅の僧の体験は、浦嶋子伝説にも通じるものがあろう。だが、それよりもいまは、この鏡花の描いてみせた山中の幻想空間そのものが基本的に持つ他界性に注意したい。

夕食の後、夫が木曾節を唄う場面がある。その「節廻し、あげさげ、呼吸《いき》の続く処から、第一その清らかな涼しい声という者は、到底この少年の咽喉《のど》から出たものではない。先ず前《さき》の世のこの白痴《ばか》の身が、冥土から管《くだ》でそのふくれた腹へ通わして寄越すほどに聞えましたよ」。そう高野聖の語る場面も、この他界性のひとつの顕れと見ていい。

第一に、この山中の異界は都会の対極にある。ここは世俗の世界からは隔離された異質の空間である。なるほど生活は世俗の経済的秩序に従ってはいるが、その生活を維持すべき役割を担う親仁が銭を得、銭を使う場は、山を下りた世俗の世界でのことにすぎない。その親仁だけが、この世ならぬ異能の持ち主たる女人の従者ゆえに、無事にこの異界を出入りできるが、この空間に迷い込んだ旅人は、すべて日常の人の身であることを失う。物語の語り手たる高野聖だけが、無事に世俗の空間に戻ることを得た。

第二に、この異常な空間を成立させたのは大洪水であった。『夜叉《やしや》が池』『天守物語』『竜潭譚《りゆうたんだん》』など、鏡花の作品では洪水が大きな意味を持つが、すべてを押し流す洪水は、世俗の時の流れをいったん断ち切って世界を原初のカオスに戻す。ここはその原初のカオスがコスモス、ただし非日常的なコスモスへの傾斜を示しつつも、ほとんどそのまま、いわば凍結された空間ではなかったであろうか。そして、ここを流れる谷川の水に身を浸すことは、原初のカオスへの回帰であるがゆえに、また原初の母胎への回帰でもなかったであろうか。その原初のカオスないし母胎は、日常のコスモスから見れば他界なのである。

高野山

飛騨山中の他界に迷い込んだが、無事に下界に戻ることのできた旅僧の僧籍は高野山。いうまでもなく弘仁七年（八一六）、弘法大師空海がそこに真言密教の修行道場として一院を創建した金剛峯寺《こんごうぶじ》である。空海は承和二年（八三五）、海抜九〇〇メートル前後の山上に東西に伸びるこの盆地の一角に入滅した。やがて、空海は死んだのではない、心身ともに安らかな禅定《ぜんじょう》の状態に入って、いまは飲食の要もなく生きつづけ、衆生《しゅじょう》を救済しているのだという、いわゆる入定《にゅうじょう》信仰が興って、この高野山は多くの参詣者を集めた。

高野聖とは、この山での修行僧のことだが、また、山を出て高野山の縁起や弘法大師の事跡を語りつつ諸国を勧進して歩く旅僧をもいう。かつて、たとえば西行も、そのような高野聖だったといわれる。明治三三年（一九〇〇）、泉鏡花が飛驒山中の他界に迷い込ませたのも、そのような高野聖のひとりである。彼らの行脚がこの真言密教の聖地への関心と、奥の院を中心とする霊地への納骨の風をひろめた。

現在、この山上の台地にある寺院は一一七を数える。総本山金剛峯寺から宿坊寺院の並ぶ通りを東へ進み、一の橋から墓域に入れば、ここから中の橋を経て奥の院御廟にいたる約二キロの石畳の参道の両側には、高く伸びた杉の木立の下に、その数二〇万基を超える墓石や供養塔が幾重にも連なっている。歴史上の有名人の墓所も、数え切れない。このはるか高みの木の間《こま》から日差しがまばらに洩れ、落ち葉を焚く煙の低く漂う静寂な空間もまた他界であるのは、そこに幾代、いや幾十代にもわたる無数の霊たちの安らう一大墓石群が存在するからだけではない。都から遠く離れた険阻な山上に東西に開けたこの台地そのものが、霊地として、世俗から隔絶しているからであり、さらにいえば、この山それ自体が世俗の平板な空間を去って屹立《きつりつ》し、世間の日常性を拒否しているからである。

高野山を霊山たらしめたのは、ただ金剛峯寺を総本山とする真言密教の信仰のみではない。この山に限らず、世俗の心では容易に近づくことを許さない威容を持つ山に日本人が寄せた思いは、それほど単一なものではない。空海による創建以後も、この山にはさまざまな信仰が籠められてきたのである。古くからの山岳信仰もあったであろう。神仙思想や修験道《しゆげんどう》の影響も受けたであろう。むろん、浄土への憧憬も強かったであろう。さまざまな要因がはたらくことで、山の他界性は増幅する。

神仙と隠遁

空海が高野山を開くより少し前だが、宝亀九年（七七八）の四月八日、延《えん》鎮《ちん》という僧侶が京都の清水《きよみず》の滝の下で白衣を着た数百歳の老人に出会った。老人は行叡《ぎようえい》と名乗り、それまで自分の棲んでいた草庵を延鎮に譲って東に旅立ったが、音羽山で草履と杖を残して姿を消した。『扶桑略記』に出ている話だが、それが事実であったかどうかが問題なのではない。当時、このような話が記録されるようになった背景が問題なのである。

老人が草履と杖を残して姿を消すのも、その場面が山中であるのも、その老人が不老長生の仙人になったことを示す、ごく普通のパターンである。明らかに、中国周末の戦国時代に山東半島北部沿岸地方に登場した方士たちの唱えはじめた神仙思想が、その背景にある。方士たちの説くようなしかたで養生摂生して不老長生の域に達したのが神仙であり、神仙たちは東方の海上はるかに聳《そび》える蓬萊《ほうらい》山、方丈山、瀛州《えいしゅう》山の三山に、いまも幸せに暮らし、そこに行けば不老不死の霊薬が手に入る、というのが神仙思想であり、浦嶋子伝説にその影響の認められることは、すでに触れた。同じ思想がこの『扶桑略記』の記述にも影を落としている。

神仙という理想的人間像は、この現世の無常への対応のしかたのひとつには違いない。ただし、このような理想像を思い描けるのは、かなり中国大陸的な発想であろう。そういう発想が日本にも伝わり影響を及ぼしたことは、この記述からも窺《うかが》われるのだが、この国には神仙として世の無常を超越してしまうよりは、むしろ現世の無常をそのまま無常として受け止めながら隠遁するという、もう少し現実的な対応ぶりがあった。もっとも、その隠遁の地も主として世俗を離れた山中であって、たとえば出家後の西行が高野山に隠れ、時に山を出て東国や四国、九州へと諸国を遍歴している。この隠遁も漂泊も、中国風の神仙のそれとはまったく異なった旅である。

代々宮中の警護を司る衛府《えふ》に仕える武士の家柄に生まれた西行が、出家して華やかな都を離れ、やがて高野山に入る。「鈴鹿山うき世をよそにふりすてていかになり行くわが身なるらん」。先の予測はつかない。ただ、この出離の地平は世俗の空間ではありえなかった。僧衣をまとって険しい山道を一歩一歩踏みしめて登りながら、彼がそこに出ることを思い描いていた地平は、不老長生の神仙たちの楽しく集う明るい世界でもありえなかった。世俗的な日常を離れた地平ではあるが、現世の儚《はかな》さを引きずったまま入って行く世界である。決して不老不死を求めてではない。

山中の他界に不老不死を期待するというような発想は、おそらく、日本人にはあまり馴染まなかったのであろう。むしろ、日本人にとっては、深い山中に分け入って行くこと自体に、生きながら自らの死を先取りする思いが絡み付いていたのではないか。

他界への旅

隠遁の旅にせよ、漂泊の旅にせよ、かつては旅そのものが日常の空間との訣別であった。旅立つ者を親しい者たちが辻まで、橋のたもとまで、山の麓まで、あるいは峠まで見送る。見送る者がそこで踏みとどまるのは、そこが彼らの日常の生活空間の境だったからである。そこには村境を護り、疫病や亡霊などの侵入を阻止する神として、塞《さえ》の神ないしは道祖神が祀られていた。その境を越えることで、旅人は他界への一歩を踏み出すのである。

旅人にとって、食物や寝具が容易に手に入るはずもなかった。旅には辛苦がつきものであった。家に残す妻に旅衣の紐を結んでもらったり、妻の衣を身にまとったりしたのは、無事に旅を終えて妻と再会することができるようにとの願いからだった。その願いも空しく、道中、獰猛《どうもう》な野獣や凶悪な盗賊に殺される危険もあった。「草枕」といえば「旅」の枕詞だが、山野の草叢《くさむら》で毒虫のために生命を落とす者もいた。一方で、そのような死につらなる不慮の災いを、旅人は覚悟しなければならなかったであろう。ただし他方では、日常の生活空間から外に出ること、そのこと自体が他界に歩み入ることでもあった。

塞の神に代わって、村境に地蔵が祀られていることも多い。そこに地蔵が立ったのは、それが現世と冥界との境だったからである。

そして、海岸線のすぐ近くまで山の迫っている地域の多いこの国では、旅路は平坦なものではありえなかった。たとえば見通しのきかない、鬱蒼と生い茂った森林の間を果てしなく続く険阻な山道を登りながら、旅人は疲労に渇いた口の中で、自分が他界に在る思いを嚙みしめなかったであろうか。

富士見

人は森の中では森を見ない。山中に入れば山は見えない。山が霊の宿るところとして見えてくるのは、その山を遠く仰ぎ見る時であろう。この国に数多《あまた》ある山々のなかでも、とりわけ仰ぎ見る眼にとうてい近づきがたい尊厳を感じさせるような威容の山が、霊山あるいは霊峰として信仰の対象になった。人はそこに、神や仏の地上への顕現を見た。山嶺に他界を思い描いた。

たとえば、「山峰を仰観すれば、白衣の美女二人有りて、山巓《さんてん》の上に双《ふたり》舞う」。「其の頂上に池を匝《めぐ》りて竹生《お》う。青紺柔軟にして、雪宿りて春夏消えず」と、『富士山記』は述べる。室町時代の説話集『三国伝記』には、「我無辺法界《むへんほうかい》の空中より、此の嶺崛《れいくつ》の宮内に常住せんと来《きた》れるは、一切衆生を救済せんがためなり」との言葉がある。関東から中部地方にかけて、富士見町、富士見通り、富士見坂など、富士見という地名がいくつあることだろう。いまは見えなくとも、大気もこれほど汚れず、視線を遮る建造物も少なかった半世紀ほど以前までは、そこから富士を遠望することができたのである。しかも、日本人がその富士見という言葉に籠めた思いは、一種の信仰を含んでいた。浅間《せんげん》神社が各地に勧請《かんじょう》されている。浅間神社の御師《おし》によってひろめられた富士詣では、江戸中期になると身禄《みろく》によって富士講として組織されたが、講の参加者たちは富士山頂にこの世ならぬ理想郷を想像し、それゆえにわが身の六根《ろっこん》の罪障を懺悔しつつ、登拝の歩を運んだのであった。

そのような山は、むろん、富士山だけではない。伊勢、熊野、愛宕《あたご》、八幡などの神社が全国に分布した背景にも、それぞれの霊山への信仰を拡めるべく諸国を遊行《ゆぎょう》した旅人の姿が見える。

山間に猪や鹿や兎を狩り、また木の実や草などの自然採取を続けながら漂泊する人々がいた。彼らにとっては、山は獣や草木の主である山の神の棲むところだった。他方、彼らと生活の区域を異にする稲作民にとっては、山には農耕に不可欠な水を流して彼らの生活を護ってくれる水分《みくまりのかみ》神がいて、山麓にはこの神を祀る祠《ほこら》が設けられた。そういう原初的な山岳信仰が、やがて仏教や道教などの影響を受けながら、しだいに修験道という宗教形態を整えていく。空海が高野山を開いたのも、その線上でのことであった。

霊山のシンボリズム

この空海の高野山も、また最澄の開いた比叡山も、仏教的宇宙観の文脈からすれば、ヒマラヤをモデルに想像された須弥山《しゅみせん》の日本での再現という意味を持つと見てもいい。『倶《く》舎《しゃ》論』によれば、三つの輪が世界の基礎をなし、その最高層の輪を金輪《こんりん》という。その金輪の中心部に聳え立つ黄金の高山が須弥山であり、その下半分は水中にある。その頂上には帝釈天《たいしやくてん》の宮殿があり、山腹には四天王の住まいがある。周囲を七つの金山が取り巻き、その外側の海中には四大洲がある。空では太陽や月や星々が、この山の周囲を廻る。この須弥山こそが世界の中心であり、宇宙の軸なのである。ここには神々も住むが、また悪魔や死者たちも棲んでいる。

世界の中心たるこの山から見れば、たしかに日本は四大洲のうち南の一洲に位置する一国でしかない。だが、その日本の比叡山も高野山もまた、視点をずらせば世界の中心、宇宙の軸たりえた。それだけの構想力がなければ、最澄が比叡山を、空海が高野山を山岳密教の中心として選ぶことはなかったであろう。

それに、高山の頂上から垂直に下ろした線が大地の中心を通り、その線がそのまま宇宙の軸をなすというのは、世界の宗教史上、極めて普遍的な発想なのである。そのような「コスミックな山の頂上は、ただ世界の最高地点であるのみでなく、また、そこで創造の始まった原点たる大地の臍《へそ》でもある」と、エリアーデは『表象と象徴』(一九五二年)で述べる。「山の内部はしばしば死者の国のある場所とされてきた。これがケルトやアイルランドの妖精の丘の起源であり、また、造化主ないしは英雄が山中に眠っていても、いつの日か立ち上がって現世の一切の事物を一新するという、アジアやヨーロッパに広く認められる伝説の起源である」と、クラッペは『神話の創生』(一九五二年)に書いている。

さらにここで付け加えておけば、高く聳え立つ山を人の魂の孤高や霊の上昇の象徴と見るのも、かなり普遍的な発想であった。

権現信仰

最澄が比叡山を、空海が高野山を魂の修練の場として選んだ時代、すでにこれらの山は、この国にも古くからあったはずの霊山シンボリズムの中に所を得ていたであろう。そこに、都会ではなく人里を離れた山中にこそ本拠を置こうという、日本での仏教の展開の中でこれまでになかった新しい宗派が登場した。そこには、山をめぐる宗教的想念の上で仏教と神道とを繋ぐものがあった。

それまでの日本の仏教の中心地は奈良すなわち平城京だった。奈良と書こうが平城《なら》と書こうが、「なら」の名は、そこが平坦な土地であることを示している。やがて都が京都に遷《うつ》って平安時代に入り、最澄の天台宗や空海の真言宗が朝廷や貴族の間に浸透してくると、都から奈良坂を越えた南の、古くから彼らとかかわりの濃かった大和盆地を取り巻く奥深い山岳地帯が、信仰上大きな意味を持つようになる。高野山だけではなく、吉野山へも、救済を求める信仰の熱い眼差しが注がれる。いや、眼だけではなく、実際に脚も向けられたのであった。

この共通の宗教的想念を媒介にした仏教と神道との融和の中から、修験道が登場する。

吉野の金峰山《きんぶせん》で蔵王権現《ざおうごんげん》が崇拝されるようになったのは、九世紀の後半あたりであろうか。修験道者たちの健脚は、吉野から一七〇余キロの大峰山《おおみねさん》の険しい山系を踏破して、熊野にまで及んだ。ただし、大峰山はたんに吉野と熊野を結ぶ通路にすぎなかったのではない。ここは修験道の修行の中心的な場になった。後に西行もまた、ここで修行することになる。そして、この山系の南で、もと神道的信仰の対象だった本宮、新宮、那智のいわゆる熊野三山が相互にかかわりながら熊野権現信仰を生み出したのも、九世紀の末あたりであろう。

その権現の「権」とは仮り、一時的、間に合わせといった意味である。仏ないし菩薩がこの国の衆生を救うために、仮りに神に姿を変えてこの世に現れたのが権現であった。権《ごん》化《げ》と言ってもいい。

そして、このような山岳信仰の展開につれて、いっそう多くの人々が荘厳な山中に他界を想定するようになったとしても、決して不自然ではなかったのである。

墓の山

山隠し

『万葉集』巻第三の挽歌群の中に、次の歌（第四七一番）がある。作者は大《おお》伴《ともの》家持《やかもち》である。

家離《さか》りいます吾妹《わぎも》を停《とど》めかね　山隠《やまがく》しつれ精神《こころど》もなし

家を離れて行こうとする妻を引き止めることができないまま、山にこもらせてしまったので、気力が無くなってしまった。山隠《やまがく》すとは、文字どおりには山にこもらせることだが、ここではむろん、死なせてしまうことを言っている。

死なせてしまうことを山隠すと言ったのは、この歌の作られた天平一一年（七三九）当時、死者を山に葬ることが普通だったからだろう。

この歌と同時に大伴家持の詠んだ歌（第四七四番）に、

昔こそ外《よそ》にも見しか吾妹子《わぎもこ》が　奥つきと念《も》へばはしき佐宝山《さほやま》

佐宝山は、佐保山と表記されるのが普通である。家持自身、別の歌では佐保山と書いている。現在の奈良市の北郊にあって、この歌人の生きたのと同じ時代に、元正天皇、聖武天皇、光明皇后などの陵墓が造営された。その佐保山を、昔こそは自分と無縁の山と見ていたが、妻の墓所と思えば、いまは愛《いと》しく慕わしい。

「やま（山）」が「よみ（黄泉）」と言語上の関係を持つかどうかは議論のあるところであろうが、実際、古代の日本では墳墓は山上や山坂など、山地に営まれるのが普通だったし、墳墓、陵墓のことを端的に山とよぶ場合もあった。この墳墓と山との結び付きからすれば、この国に山中他界の観念が古くからあっても奇怪《おか》しくない。

姨捨山

信濃《しなの》国で、まだ生きている老婆を意図的に山に隠す、いわゆる姨捨《おばす》て、あるいは姥捨《うばす》ての風習の始まったのは、いつごろからであろうか。養老律令の官撰注釈書としてよく知られる『令義解《りようのぎげ》』の成立は天長一〇年（八三三）だが、その

「職員令義解」中、今日の警察機構に当たる弾正台の条の「風俗を粛清す」の箇所の注には、「たとへば信濃の国の俗、夫死すれば、即ち婦を以て殉となす。もしこの類あれば、これを正すに礼教を以てす。これを以て風俗を粛清すとなす」とある。

その約七〇年後に出た『古今和歌集』の巻第一七、雑歌上の一首（第八七八番）に、

わが心なぐさめかねつ更級《さらしな》や　姨捨山《をばすてやま》にてる月を見て

とあるのが、姨捨山の名が物の本に出てくる最初であろう。

読みびと知らずのこの歌にまつわる説話が、「信濃ノ国更級といふ所に男住みけり」という書き出しで、一〇世紀半ばあたりに成立した『大和物語』の下巻に出てくる。

男は若くして親を亡くして、伯母と一緒に暮らしていた。ところが、妻が「いと心憂き事多くて、この姑《しゅうとめ》の老い屈《かが》まり居たるを、常に憎みつゝ、男にも、この伯母のみ心のさかなく悪しき事を言ひ聞かせ」る。伯母が老いるにつれて、妻の態度は酷《むご》くなり、「深き山に捨てたうびよ」と夫を責める始末。ついに、ある月明かりの夜、男は老婆を背負って山に向かう。「高き山の麓に住みければ、その山にはるばると入りて、高き山の嶺の、下り来べくもあらぬに、置きて逃げて来」た。だが、男は後悔する。一夜眠れず、この歌を詠

むと、伯母を山から連れ帰った。「それより後なん、姨捨山といひける」。

月影はあかずみるとも更級の　山のふもとにながゐすな君

この紀貫之《きのつらゆき》の歌（『拾遺和歌集』巻第六第三一九番）など、平安時代の歌人が姨捨山を詠んだ歌のほとんどで、山は月に照らされている。長野県更級郡の冠着山《かむりき》、標高一二五二メートル。付近は棚田《たなだ》が多い。その棚田ごとに月が映る。いわゆる田毎《たごと》の月である。その月明に浮かぶ山に、人は死の翳《かげ》りを見た。紀貫之は友人に、その山の麓に長居するなと言っている。

墓の山

まず、香山《かぐやま》の里についての記述。香山は、もとは鹿来墓《かぐはか》と言った。「鹿来墓と号《なづ》くる所以《ゆゑ》は、伊和の大神、国占めましし時、鹿来て山の岑《みね》に立ちき。山の岑、是《こ》も亦《また》墓に似たり。故《かれ》、鹿来墓と号く」。それが後に香山と名を改められた。

『播磨国風土記』の揖保郡《いいぼのこおり》の部分から、二ヵ所を引き合いにだしたい。

次に、立野《たちの》についての記述。「立野と号くる所以は、昔、土師弩美宿禰《はにしのみのすくね》、出雲の国に往《か》来《よ》ひて、日下部野《くさかべの》に宿り、乃《すなは》ち病を得て死《みう》せき。その時、出雲の国の人、来到《き》たりて、人衆《もろひと》を連ね立てて運び伝へ、川の礫《こいし》を上げて、墓の山を作りき。故、立野と号く。即ち、其の墓屋を号けて、出雲の墓屋と為《な》す」。

前者は自然の山を墓に見立て、後者は人力をもって墓の山を造営している。弩美宿禰とは野見宿禰。出雲の人で、垂仁天皇のころ朝廷に仕えた。皇后の亡くなった際、殉死に代えて埴輪を埋めることを提言し、その功で土部臣《はじのおみ》の姓を得たという。その野見宿禰が都と出雲との往来の道中、日下部野で死ぬ。そこに出雲の国の人たちが来て、小石を積み上げて、墓の山を作った。おそらくは円墳型の墳墓であろう。ただし、垂仁天皇の代が西洋紀元の前後に跨がるとすれば、この墓の山の作られた時期、日本はまだ古墳時代に入ってはいまい。

山作り

山陵の造営を山作りといった。たとえば聖武天皇の天平二〇年（七四八）四月二一日、元正太上天皇が崩御すると、翌日、吉備真備《きびのまきび》らが山作司《やまつくりのつかさ》に任命された。山陵造営に当たる臨時の官職である。ついでだが、太上天皇《だいじょう》とは譲位後の天皇の称号である。元正太上天皇の遺骸は二八日、佐保山陵《さほのみささぎ》に火葬された。

孝謙天皇の天平勝宝八年（七五六）五月二日に聖武太上天皇が崩御した際も、翌三日には山作司が任命され、一九日には遺骸が佐保山陵に葬られている。

この『続日本紀』の伝える史実からも、墓の山がごく短期間で作られたこと、だから丘陵の一角を利用した墳墓だったろうことが、推測できる。もはや、大規模な古墳の造られる時代は終わっていた。

古墳の形成

野見宿禰のための墓の山作りの時代と、吉備真備ら山作司による山陵造営の時代との間に、強大な権力を持った地方豪族の成長と古代国家の成立を背景に、およそ三世紀末ないし四世紀初頭から七世紀にいたる古墳時代が位置する。

初期の古墳は竪穴式であった。竪穴式の場合、地面に掘り込んだ墓壙《ぼこう》に木棺なり石棺などを納めた外側に、たとえば板石を平積みにして墓室の四方の壁を作り、そのさらに外部に時には「川の礫《こいし》を上げて」もいい、比較的小さな石材を積み上げて壁体を補強しておき、その上に天井石として大型の板石を載せれば足りる。この方法ではあまり大きな石室は作れまいが、それでも墳墓としての体裁は整う。技術的にも、横穴式よりは簡単だったはずである。

横穴式の場合は、まず石材で三方の壁と天井とを作っておいて、次に残った一方に出入口を設け、最後にはそれを塞いで、土を盛る。そう言ってしまえば単純な作業のように聞こえるが、実際に石室内での作業を想像してみると、竪穴式の場合のようには簡単にいくまい。この大陸系の墓室の構築法がまず北九州地方で行われるようになったのは、五世紀あたりからであろうか。この地域で横穴式古墳が始まったことについては、むろん、中国大陸や朝鮮半島との文化的接触ということもあったろうが、また、自然の崖面を利用しやすかったとか、花崗岩系の巨石が手に入りやすかったとか、さまざまな事情があったであろう。

いずれにせよ、出来上がった石室の内部は暗い。暗黒の世界といってもいいであろう。そこが直ちに他界ではなかったにしても、この山型の墳墓の内奥の世界には、他界に連なるものがあったであろう。石室の壁面に文様や絵画が線刻されたり、彩色されたものもあった。いわゆる装飾古墳であるが、その装飾が年代史的には、抽象的な文様から具象的な絵画に発展してきて、最後の段階で人物や鳥獣と船との組み合わせが多くなってくる。とりわけ、反《そ》り上がった船首や船尾に鳥がとまっている図柄が目立ってくるのだが、この図柄の意味するものは何であろうか。ここに、他界への旅の暗示を見てはいけないであろうか。それとも、たんなる装飾と見るべきなのであろうか。

このことは、遺骸を収めて石室内に置かれた棺に、ごく初期のものから船型の木棺や粘土棺が多く、そして四世紀末あたりから、やはり船型の石棺が多かったこととも、関連があるように思われる。

円と方形

北九州地方で造営の始まった古墳は、やがて大和朝廷の本拠地において、いわゆる近畿古墳文化を現出せしめることになる。円形や方形の墳墓は、古くから中国にも、また日本にもあったが、この近畿古墳文化を代表するのは前方後円墳である。

この形態の古墳の古いものには、その前方部が比較的背の高い台形をなしている場合が多い。おそらく、埋葬部である大きな円形の墳墓に向かっての墓道が、円の側から見れば細長く張り出した形の台形となり、その部分が形を整えることで、全体として前方後円という形態になったのであろう。

ただし、ここで問題にしておきたいのは、この鍵穴に似た平面形を持つ前方後円墳の形態の歴史的変遷ではない。また、その造営の意図がたとえば権威の誇示であろうとなかろうと、いまは問うところではない。いま考えてみたいのは、この墓の山が前方後円という形態を持つこと自体の象徴的意味である。そこに何か、他の形態以上に、現世を他界に繋ぐようなものは、なかったであろうか。

かつて墓道であり、おそらくは同時に祭祀の場でもあったかと思われる方形部の方から考えてみる。

家、部屋、敷物、机など、人の生活に直接必要な物、人が好んで使用する物には、方形のものが多い。身の回りの品物は、おそらく方形の方がこの地上では収まりがよく、安心感がある。あらゆる幾何学的図形のうち、方形が最も規則的で、堅固で、安定して、静的な印象を与えるのは、心理学的事実であろう。

しかも、方形は大地および地上の、したがって物質的で受動的な存在の、多元性と秩序との象徴でもある。四という偶数のシンボリズムにも対応しながら、方形は東西南北の四つの方位、万物の基本的な要素としての四元、春夏秋冬の四季、人生の四段階を、その内奥に包含し、閉じ、完結させる。

方形がこのように大地と結び付くのとは対比的に、円は天に関連する。天空の太陽や星辰の運行に代表されるようないっさいの周期的運動、無限、永遠、調和、統一、一元性が、円によって象徴される。たとえば「神は、その中心が何処にもあり、その円周が何処にもない円である」と、ヘレニズム期の神の名を持つ文書『ヘルメス・トリスメギトス』は述べているが、このような円のシンボリズムは西洋だけのものではない。

そして、円をその中心で直角に交わる二本の直線で四分割した場合、その四つの部分のそれぞれに地上的な多元性が分けられると同時に、その多元性が全体としては霊的に統一されていることが円で象徴されることになる。

円と方形との結び付いた形態は、必ずしも珍しくない。たとえば曼陀羅《まんだら》がそうである。男性的原理としての陽、天空的な能動的存在を示す白い円と、女性的原理としての陰、地上的な受動的存在を示す黒い方形との結び付いた中国の象徴的な文様もそうである。

ただし、これらの場合とは違って、前方後円墳では、方形の張り出し部分から円形の埋葬部への方位ということが問題になるであろう。弔う者、死者を送る者は、方形から円へと近づいたはずなのである。その者がそれを意識しようがしまいが、象徴論的には、これは地上から天空へ、多元的世界から一元的世界への方位であった。

葬法と他界

もっとも、その死に際して墓の山の築かれたのは、いうまでもなく、ごく少数の人の場合にすぎない。一般には、死体はどう処理されていたか。

日本では、古くから、いくつかの葬法が行われていた。まずは地面に穴を掘っての土葬であるが、まだ多量の土を掘り出すための道具が存在しなかった時代、穴は比較的浅く、死体も腕を曲げたり膝を折ったりして、できるだけ穴に収めやすくする必要があったであろう。いわゆる屈葬の形態である。この屈葬の理由については、死体を縄で縛ることで死霊をも抑えつけ、その祟《たた》りを避けようとする呪術を指摘する声もあるが、初めはもっと現実的な理由からだったと思う。ともあれ、そのような埋葬の痕跡が縄文時代の貝塚の下層に見られることが多いのは、当時、死体を集落から遠くに運ぶ習慣のなかったことを示している。

墓地が日常の生活の場からさほど離れていないという点では、弥生時代も同様である。ただ、およそ紀元前三世紀から紀元後の三世紀にまたがる弥生時代、中国大陸や朝鮮半島の文化が北九州に上陸した影響は、葬法の上にも顕れている。すなわち、地方の豪族ないしは有力者の墓として、数個の支石を立て、その上に大きい平らな石を載せた支石墓《しせきぼ》が作られるようになった。天井石の下には、いくつかの箱型の石棺や甕《かめ》棺が埋められた。甕棺はすでに縄文時代の末には使われていたが、一個の甕の中に死体を入れたものと、二個の甕の口を合わせた中に死体を収めたものとがある。ただ、いずれにせよ、縄文時代の甕はそれほど大きくはないから、主として子供の死体の埋葬に使われたと見ていい。だが、弥生時代に入ると、かなり大型の甕が作られるようになり、二個の甕の口を合わせた場合には、成人の遺骸を屈葬でなく伸展葬の形態で収めることも可能になった。

ただし、むろん、すべての死体が甕に入れられて埋葬されたわけではない。一般には、もっと単純な土葬が行われていたはずだし、さらには死体遺棄も珍しいことではなかったであろう。

海沿いの地域では、水葬も行われていたに違いない。すでに触れた浦嶋子伝説や海幸山幸の伝説に語られる水中他界は、その背後に水葬の存在したことを推測させてくれる。

また、風葬の習俗もあった。琉球では、この習俗が、洗骨の風習を伴いながら長く残ることになる。

ただし、日本で最も普通だったのは土葬であろう。そして、土葬の場合、死の国を地下に想定するのが自然である。死体に蛆《うじ》がたかる穢《けが》れた暗黒の地下他界としての黄泉《よみ》の表象は、死体を土中に埋葬するという習俗と関連するであろう。

ところが、その埋葬に、墓の山という特殊な形態が出現した。そのことが、土葬の習俗を背景に持つ日本人の他界観に新たな要素を付け加える、少なくともひとつの重要な契機になったのではないか。死者を送る者の視線が、この地上から山へ、そして山の頂の背後に無限に拡がる天空へと向かったとき、日本人の他界観念に何かが生まれたのではなかったか。

山辺の煙

「あだし野の露消ゆる時なく、鳥部山《とりべやま》の煙《けぶり》立ち去らでのみ住み果つる習ひならば、いかにもののあはれもなからん。世は定めなきこそいみじけれ」。

火葬の始まり

吉田兼好の『徒然草』第七段の冒頭である。

あだし野は、漢字で書けば化野。京都、嵯峨野の小倉山麓の野辺で、同じ京都の鳥部山の裾の鳥部野と同じく、火葬の行われていた土地である。その化野に茂る草の露が、もし陽が昇っても消えず、鳥部山で遺骸を焼く煙が、一向に立ち去らないとしたら、そんな不自然なことはない。露は消え、煙は立ち去ってこそ、その定めなき世の有り様が、心にしみてくる。

もとは京の市街を外れた死体遺棄、いわゆる野捨ての地であった化野や鳥部野で火葬が行われるようになってから、この兼好の時代は、もうかなり経っている。もっとも、野捨ての風習が仏教の影響下に漸《ようや》く終焉《しゅうえん》に向かったのは、この『徒然草』の成立した一四世紀前半あたりからであろう。

日本で火葬が始まったのも、むろん、仏教の影響あってのことである。文武四年（七〇〇）に南都の元興寺の僧、道昭の遺骸を、その遺命に従って火葬に付したのがこの国での火葬の初めと見るのが、通説となっている。その三年後には、持統天皇の火葬があった。仏教伝来から一世紀半以上経って、それまでの積年の躊躇が道昭という先例によって一気に払い除けられたのか、この国では八世紀に入ると、まず朝廷や貴族のあいだから、火葬という葬法が急速に普及するのである。それが日本人の他界観に新たなものを生む大きな要因となったことは、いうまでもない。

化野や鳥部野もそうだが、この国では野が自然に山に連なり、山を下れば自然に野に出ていることが多い。見渡す限りひたすら平野が拡がって、四方に山の影を見ないというような地域は、たしかに皆無ではないが、極めてまれである。原が広大な平地であるのに対して、野とはもともと山裾のゆるやかな傾斜地であった。だから、多くの場合、野辺の送りのために集落を出た葬列は山裾の傾斜を少し上ることになる。そして、やがて火葬の時がきて、立ち昇る煙の背景には、山があった。死骸を焼く野辺の煙は、そのまま山辺の煙でもあった。

煙の行方

この湿気の多い土地では、死体の腐敗の進行は迅《はや》い。「膿《うみ》沸き虫流《うじたか》る」という状態は、黄泉《よみ》の国を訪れた伊邪那岐《いざなぎ》神が見たその妻だけのものではない。死体を放置すれば、人はじきに死穢《しえ》の恐怖に直面しなければならない。しかし、火葬に付すなら、腐敗しかけた死体も焼却されて灰になる。後には、屍灰に混じって骨が残るにすぎない。死者の魂は焼け崩れていく遺骸から離れて、ゆらゆらと覚束無《おぼつかな》げに立ち上る煙とともに、山に沿って天に向かう。というより、その煙そのものが死者の魂の、この世に残された者の眼に見ることのできる、最後の姿だったのである。

あはれ君いかなる野辺の煙《けぶり》にて　むなしき空の雲と成《なり》けむ

これは『新古今和歌集』巻第八第八二一番。後朱雀院の死（一〇四五年）を悼んで、弁乳母の詠んだ歌である。

山辺の煙は一気に天極を目指しはしない。ゆっくりとたゆたいながら、それでも空に上がって、いつしか雲になる。煙と雲との境は定かではない。先に浦嶋子《うらしまのこ》伝説を引き合いに出した際にも触れたことだが、ここで、日本人にとって煙ないしは雲が魂の象徴としての意味を持っていたことを、思い出していただきたい。

煙にせよ雲にせよ、一定の形は持たない。それは刻一刻、自らの形を崩し失うことでのみ、自らの形を作りつづける。自己消滅を通じて自己を形成し、また自己形成を通じて自己を消滅させていく。それがそのまま、死者の魂がこの世に別れを告げる最後の姿でもあった。その姿はやがて、山の端にかかっていた白い雲とともに、いつの間にか見えなくなっている。野辺に風が立つ。別れの時である。煙は、雲は、どこに去ったのか。その時、人は他界を思うのである。

ここでは、山はたんなる遠景ではなく、死者の霊を他界に導く通路でもあった。霊は山に沿って上昇する。

イワ

山を天なる神が地上に降り立つための媒体、すなわち依《よ》り代《しろ》と見たり、死者の霊を他界に導く通路と見做《みな》す発想は、むろん、この国では火葬よりもずっと古い。

そこで、唐突のようだが、アイヌの発想に触れておきたい。というのは、アイヌの他界観は、たしかに一方では本州に拡がった宗教、とりわけ仏教の来世観の影響を少なからず受けているが、また他方では、仏教伝来以前からこの国に存在した宗教的観念を、かなり純粋な形で残していると見てもいいからである。

北海道の各地に、モイワとよばれる山がある。札幌の円山も藻岩山とよばれていた。このモイワという名に関して、山田秀三の『札幌のアイヌ地名を尋ねて』(一九六五年、楡書房)から、「円山(モイワ)」の項を引いておくと、

モイワは道内の諸所にある山の名である。モ(小さい)・イワ(山)なのであるが、小山なら何処にでもある。併《しか》しこの名でよばれる山を見に行くと、版で押したように、円頂或は円錐形の目立って美しい、印象的な独立丘である。特別な山の名であるよう

だ。

問題はアイヌ語のイワに在るらしい。『小辞典』には、「イワ。この語は、今はただ山の意に用いるが、もとは祖先の祭場のある神聖な山をさしたらしい。語源は、カムイイワキ（カムイ・イワㇰ・イ＝神・住む・所）の省略形か。」と書いてある。

これは知里博士と好んで語りあっていた話題であった。日本人の祖先は、神霊の降《くだ》られる神奈備山《かんなびやま》を崇敬していた。その神奈備山も、円頂或は円錐形の独立山なのであって、北海道のモイワと同じ山容である。札幌の円山《モイワ》も、大和の神奈備山と同じような意味で、アイヌの霊域だったのではあるまいか。

ここで『小辞典』といわれているのは、知里真志保の『地名アイヌ語小辞典』（一九五六年、楡書房）である。見出しを含めて、山田が片仮名で引用している部分は、ローマ字で表記されている。「カムイイワキ」は（kamuy-iwak-i）である。

ここでイワに相当する山として言及されている大和の神奈備山といえば、斑鳩《いかるが》の三室《みむろ》山や、明日香《あすか》の三諸《みもろ》山が思い浮かぶが、神奈備山とは本来は普通名詞である。神奈備は、その意味からすれば神辺《かむなび》、つまり神のいます処、神の宿りたまう場所であった。

北海道開拓記念館から刊行された『民族調査報告書 総集編』（一九七五年）も、アイヌの想定する「霊の往還経路」を問題にした箇所で、この『小辞典』の項目や、札幌の藻岩山についての山田の記述を援用しながら、こう書いている。

すなわち、イワは、カムイミンタㇽの一隅にある円頂、または円錐形の独立丘（この世における最後の地点）であり、ここから霊が、あの世へ昇天することのできる場所なのである。すなわち、このようにあの世への経路の各要素をそなえている霊山（概して各地区に存在する高山、またはその山系）を総称してポロシㇼ（poro-sir＝大きな・親である―大地・山＝親なる大地・親なる〈霊〉山）、カムイシㇼ（kamuy-sir＝神の―大地・山＝神の〈霊〉山）、カムイヌプリ（kamuy-nupuri＝神の―〈霊〉山）などと呼んでいるのである。

やがて、あの世に入りこんだ霊は、死の引導を渡された通りの所（たいていは男系、女系それぞれの親たちの住む集落）に落ちつき、この世への再来が決定するまで、長い休息のある生活を送りはじめるのである。

なお、この世へもどることになり、あの世を出発して母体に到着するまでの経過は、聴取や文献などでも一切知ることができなかった。しかし、「あの世への入口」を通って再びこの世にもどってきた説話は、知里氏、久保寺氏、早川氏、吉田氏、バチュラーなどに広く紹介されており、それらの説話や、ライチシカのH・F・媼の体験話などから、この世への再来が決定すると、往路と同じ道を逆に下ってきて、この世の空間を浮遊し、指定されたある婦人の体内に落ちついて成長しはじめ、やがて出産によって再びこの世での生活が始まるものと思われる。

ここでカムイミンタㇽ（kamuy-mintar＝神の―庭）とは、『小辞典』によれば、①クマの遊び場。②古くは山上の祭場をさしたらしい。

アイヌが「あの世への入口」とよんだ場所は、多くは洞窟であった。死とともに身体から遊離した魂は、「あの世の入口」に入りこむと暗い道を進み、やがて左手か右手、いずれかでカムイトー（kamuy-tô＝神の―沼湖）とよばれる海に面した地点に出る。海とはいっても、実際にはほとんどが山上の火口湖である。この山の頂に近い神秘な湖とは反対側の広場が、カムイミンタㇽであった。

右に引いた報告の特徴は、死者の霊がこの世からあの世に向かう経路のみでなく、その霊が「往路と同じ道を逆に下ってきて」、やがて「再びこの世での生活が始まる」経過をも問題にしている点にある。この現世と他界とにまたがる霊の往還は、仏教のいわゆる輪《りん》廻《ね》転生《てんしょう》よりはるかに単純明快であり、おそらく地獄・極楽とか、六道輪廻《ろくどうりんね》とかの仏教的観念が入ってくる以前からこの国にあった観念であろう。これは日本人の他界観を問題にする場合、かなり重要な観念である。

ただし、差し当たっては、この国では古くから、すべての山ではないにしても、たとえばアイヌがモイワとよんだような多くの山や丘が、死者の霊を他界に導く通路としての意味を持っていたことに注意しておきたい。

山の彼方の空遠く

野辺の煙が、たゆたい、ゆっくりと形を変えつづけながら、山に沿って昇り、いつか薄れて、山の頂にかかる白雲に吸い込まれていく。その雲もまた姿は一定しないし、ひとつ処に留まりもせず、流れ去っていく。

もし日本人がこの野辺に立つ煙や、その煙を包み込んで流れる雲を、死んだ者の霊のこの世での最後の眼に見える姿として受け止めていたとするなら、この雲がたなびきながら流れ去る彼方に、自分がいま見送っている霊の赴くべき他界を想像したとしても、少しも不思議ではない。むしろ、それが自然の情であろう。

この想像力こそが、仏教の説く浄土の観念をこの国に根づかせた要因のうち、最大のものではなかったかと、私は思う。

浄土三部経のひとつ『無量寿経』の漢訳を通じて、日本人は清浄国土すなわち浄土の観念を学んだ。凡夫《ぼんぶ》の生きる現世が穢土《えど》であるのに対して、仏の住む世界は浄土である。とりわけ他界観にかかわるのは来世浄土であって、自分がいまは穢れたこの世に生きていようと、死後には極楽浄土で仏たちに迎え入れられるとすれば、それは救いであった。この世で恵まれず、苦しい生を送っているとの実感が強ければ強いほど、そうだったであろう。

浄土の観念を得た日本人は、この穢土で自分と共有してきた苦しい生を終えて、いま山辺の煙となって旅立つ霊が、これから赴こうとしている来世浄土を、山頂にかかっていた雲がこの煙を包み込みながら、いつしか流れ去り、静かに消えていく彼方に想像することで、野辺の送りを完結させるようになった。

死出の山路

西行の『山家集《さんかしゅう》』には、待賢門院《たいけんもんいん》の女房、堀河の局の歌が引用され、また、それに対する西行の返しが収められている。堀河の局の歌は、

此世にてかたらひおかむ郭公《ほととぎす》　しでの山路のしるべともなれ

それに対して西行が、

時鳥《ほととぎす》なくなくこそは語らはめ　死出の山路に君しかからば

と、返している。

ほととぎすは、郭公とも、時鳥とも、また杜鵑、あるいは不如帰などとも書き、卯月鳥《うづきどり》など、多くの異名を持つ。卯月すなわち陰暦の四月、人が山に入りはじめる時期に、まるで胸の底から絞り出すような、この夏鳥の鋭い声が聞こえる。その声を聞きながら山に入るのは、山の幸を求める者だけではなかった。この渡り鳥の声が険しく暗い死出の山路を導くとも、想像されていた。

鴨長明も、『方丈記』に、「夏は郭公を聞く。語らふごとに、死出の山路を契る」と書いている。

死者が山路を辿って他界に行くという発想は、この山の多い国土には、西行の時代よりはるか昔からあった。そして、葬送に際して死者に旅装束を着せるという習俗は、この国の各地に、かなり後代まで残っている。死出の旅路は、山越えをともなっていた。

もし死出の山路を歩んで現世を去った凡夫の霊が来世浄土に迎え入れられるのなら、たしかに救いになる。ただし、凡夫の期待には限りがない。

来迎への期待

仏による来世浄土での救済への期待が高まるにつれて、凡夫は来迎《らいごう》までをも期待するようになった。死者が山を越えて他界に向かうに先立って、臨終の刻《とき》を待つ者を、仏や菩薩が山の彼方の虚空《こくう》から迎えに訪れることへの期待である。

この期待の根拠になったのは、「これらの衆生、寿《いのち》の終わる時に臨んで、無量寿仏、もろもろの大衆とともに、その人の前に現れたもう。すなわちかの仏に随《したが》って、その国に往生す」という『無量寿経』や、「其の人命《いのち》終わる時に臨んで、阿弥陀仏、もろもろの聖衆《しょうじゅ》とともに、現じてその前に在《まし》さん」との『阿弥陀経』の記述であろう。その無量寿仏の「現れたもう」光景、阿弥陀仏の「現じてその前に在《ましま》」す有様に、平安時代半ばあたりから、日本人の想像力が向けられるようになった。

末法思想を背景に浄土信仰がこの国に拡まるにつれて、正面に向かって左右の扉、左右側面の扉、側面の板壁、いずれも山の彼方からの聖衆の来迎を描いた宇治の平等院阿弥陀堂の壁画などの九品《くほん》来迎図を先駆けとして、幾多の来迎図が描かれている。山とのかかわりでいえば、正面向き来迎図では禅林寺や金戒光明寺の山越阿弥陀図、斜め向き来迎図では知恩院や小童寺の阿弥陀二十五菩薩来迎図が代表的なものであろう。とりわけ、左上の山頂から右下の庵に向かって、桜の花咲く山の斜面を一気に滑り降りるように近づく白雲に乗って、聖衆が往生者を迎えに訪れる、俗に早来迎とよばれる知恩院の阿弥陀二十五菩薩来迎図から、私たちは、かつて日本人が来世浄土に寄せた並々ならぬ思いを読み取ることができるのである。

後生二元論

輪廻転生

六道四生

昔、河内の国に石別《いそわけ》という者があり、瓜を売って暮らしを立てていた。いつも馬に重い荷を負わせ、馬が歩けなくなると鞭で打って責めた。かわいそうに馬は重荷のために疲れはてて、両の眼から涙を流す。瓜を売り終わる度《たび》に、石別は馬を殺す。かくて何頭の馬が殺されたことか、数えきれない。後に、石別がふと沸き立った釜に近寄った時、彼自身の両の眼が釜に煮られてしまった。「現報甚だ近し」。悪業の酬《むく》いが早くも現世に現れたのだと、わが国最古の仏教説話集である『日本霊異記《にほんりょういき》』は解説する（上巻、第二十一話）。

現報甚だ近し。因果を信く応《う》し《べ》。畜生と見ると雖《いへど》も、我が過去の父母なり。六道四生は、我が生まるる家なるが故に、慈悲无《な》く在る可《べ》から不《ざ》るなり。

この『日本霊異記』、正しくは『日本国現報善悪霊異記』の完成は弘仁一四年（八二三）前後と推定されている。全三巻、一一六話から成る。編者は薬師寺の僧、景戒。いま引用した箇所が、おそらく六道《ろくどう》四生《ししょう》という観念の日本での最初の存在証明である。以後、この観念の存在はしだいに広く認められるようになる。

六道とは、衆生が自らの業《ごう》のゆえに生死を繰り返す六つの世界である。六趣とも言う。地獄、餓鬼、畜生、阿修羅（修羅）、人、天の六つである。

四生とは、胎生、卵生、湿生、化生《けしょう》の四つの生まれかたをいう。母胎から生まれるのが胎生、卵殻の中から生まれるのが卵生、湿気の多いところから涌くように生まれるのが湿生、そして何もないところから忽然《こつぜん》と生まれ出るのが化生である。

衆生《しゅじょう》すなわち生きとし生けるものすべては、六つの世界にわたって四つの生まれかたで生まれては死んでいくことを繰り返す。いまは畜生に見えても、わが過去の父母である。六道四生こそ、自分がそこで生まれた家であり、いっさいの衆生が六道にわたる生死を繰り返している家である。

輪廻転生

衆生がこの家から離れられないのは、その業《ごう》のためである。業とは行為であるが、それはただ身体による行為だけではない。心の行為もあれば、言葉の行為もある。そして、現在の行為は必ず未来のどこかに結果を生み、また現在の事態は必ず過去のどこかにその原因となる行為を持っている。衆生は業の因果の連鎖から離れられない。だから「因果を信《う》く応《べ》し」と、景戒も書いた。

この六道にわたる生と死の繰り返しを、輪廻転生《りんねてんしょう》といった。

輪廻は、もとは「りんえ」と訓まれた。むろん、漢訳仏典を通じて日本に渡来した観念である。漢訳のもとになったサンスクリットの原語は、流れること、転位することを意味し、とりわけ仏教の文脈では、生ある者が解脱《げだつ》しえないままに三界六道にわたって転生を繰り返すことを意味する。

三界《さんがい》とは、欲界、色界《しきかい》、そして無色界の三つの世界である。欲望にとらわれて生きる世界が欲界、欲望にはとらわれないが、色《しき》すなわち絶えず変化してやまない感覚的、物質的なものにとらわれて生きる世界が色界、そして欲望にも色にもとらわれないが、心理的なものにとらわれて生きる世界が無色界である。生きとし生けるものはすべて、この三界のうち、どの世界にも安住しえない。三界を輪廻し転生する。三界に家なしだが、また三界六道以外の家はない。

輪廻転生という言葉そのものが、すでに、動いて止まることのない車輪の回転を表象させる。無限に回転しつづける車輪さながらに、衆生は六道を輪廻転生しつづけねばならない。ただ解脱のみが唯一、この安らぎのない運命からの脱出口である。

もっとも、『日本霊異記』の成立した九世紀前半では、まだ六道四生の輪廻の苦しみの実感はそれほど深刻ではなかった。六道輪廻の無限の苦しみが、この日本で現世に生きる者の身につまされるようになったのは、天変地異、火災、疫病、戦乱など、現世の苦難が相次ぐ中で律令制がしだいに崩壊の道を辿《たど》り、政治的にも変革期に入ってきた一〇世紀から一一世紀にかけて、末法思想が拡がり、末法時接近の緊迫感が増大することによってであったろう。

堕落史観

人類は堕落の一途を辿っているとする、歴史の見かたがある。いわゆる堕落史観である。

たとえば旧約聖書の『ダニエル書』第二章で、奇怪な像がネブカデネザル王の夢に現れた。「その像は大きく、非常に光り輝いて、恐ろしい外観をもっていました。その像の頭は純金、胸と両腕とは銀、腹と、ももとは青銅、すねは鉄、足の一部は鉄、一部は粘土です。あなたが見ておられたとき、一つの石が人手によらずに切り出されて、その像の鉄と粘土との足を撃ち、これを砕きました」。ネブカデネザルが治める金の国の後に、それより劣った銀の国の時代が来る。その次には青銅の国、次いで鉄の国、さらに鉄と粘土の分裂した国の時代に入る。しかし、これらの国の後に天の神が永遠に不滅の石の国を立てるであろう、というのが予言者ダニエルの解釈であった。

最後に神による救済が用意されるにしても、純金から銀、銀から青銅、青銅から鉄、鉄から粘土への移行は、明らかに価値の下落を示す。時代の下降につれて国の価値が下がるのは、人類の歴史を堕落への線として見るからであろう。そういう見かたが古代イスラエル民族にはあった。まるでそれを裏付けるかのように、同じ旧約聖書の中の祭司資料に含まれる年代記的な記述では、ノアだけを例外として、アダム以来の人間の年齢はしだいに減少していく。

古代イスラエル民族は、この人類の堕落の結末として、怒りの神による裁きの日を想定した。宇宙を創り、人類を造り、人類の歴史を開いた神が、今度はその人類の堕落ゆえに自ら歴史の幕を下ろす。それが「ヤーヴェの日」ともよばれた終末である。古代イスラエル民族宗教からキリスト教にかけて、イスラエルの地に興った宗教に特徴的な終末論は、堕落史観を前提とするものであった。

ところで、古代イスラエルの『ダニエル書』に見られたような、金から銀へ、銀から青銅へ、青銅から鉄へという価値下降線上に人類の歴史を捉える発想は、古代ギリシアにもあった。

紀元前七〇〇年前後のものと思われるヘシオドスの『仕事と日々』の中に、人類の五つの時代が語られている。

大神ゼウスの父親のクロノスがまだ天上に君臨していた時代、神々がまず造った人間の種族は、黄金の種族であった。彼らは神々と同じように、悩みも苦しみも悲しみも知らずに幸せに暮らしていた。この種族が大地に隠れた後、第二の種族として、黄金の種族よりはるかに劣る銀の種族が造られた。彼らは自らの無分別のゆえにさまざまな禍いをこうむり、互いに暴力を揮《ふる》い、また神々にも不敬であったので、怒った神々がこの種族を消してしまった。次にゼウスが造ったのは、青銅の種族である。武器や家や農具を青銅で作ったこの種族は、強靭な身体を持ち、腕力も強く、互いに討ち合って斃《たお》れてしまった。

この青銅の種族の時代と、当然それにつづくと予想される鉄の種族の時代との間に、ヘシオドスは、半神とよばれた英雄たちの高貴な種族の時代を嵌《は》め込む。彼らは青銅の種族よりも正しく、また優れた種族ではあったが、一部はトロヤ戦争のために死に、一部はゼウスのはからいで人の世を遠く離れた至福の島に移され、幸せに暮らしている。

そして、いまは鉄の種族の時代だ、とヘシオドスは語る。この種族にとって、労役と苦悩の止むことはない。親子も、兄弟も、客と主人も、友人同士も互いに心を通い合わせることはなく、神々を恐れることも知らない。こんな時代には生きたくない。

古代イスラエルの予言者ダニエルの場合、ネブカデネザル在位の現代は、まだ純金の国の時代であった。とすれば、人類の堕落は将来から未来にかけてのことで、ネブカデネザル王の時代からすれば、まだまだ先の話ということになる。それでも、古代イスラエルの民族宗教には、人類の堕落の歴史の総決算としてのヤーヴェの怒りの日が眼の前に迫っているという緊迫感があった。

他方、古代ギリシアの詩人ヘシオドスの場合、現代は五つの時代の最後、鉄の種族の時代である。とすれば、人類はすでに堕落の終点に近づいていることになる。それなのに、ここには古代イスラエルにおけるような終末の日接近の緊迫感はない。詩人の思いは終末よりも、むしろ始源に向けられている。見ているのは、古代イスラエルの予言者の眼のように未来に向かって価値が低下していく方向ではなく、逆に過去に溯るにつれて価値が増大していく方向である。その視線にとっては、眼の前の過去が英雄時代であることが大きな意味を持つはずである。なぜなら、眼は直接には英雄時代を通じて黄金の種族の時代を見ることになるからである。唯一金属の名を持たない、だから金から銀へ、銀から青銅へという順序にこだわらずに始源と直結することも可能だった、しかも半神であった英雄の種族の時代が、鉄の種族の時代である現代のすぐ前に挿入されているのは、決して偶然ではない。その英雄時代すら、もはや還らぬ遥かな過去だったのである。

末法思想

末法思想もまた、歴史の見かたとしては、堕落史観に属する。ここでは正《しよう》法時《ほうじ》から像法時《ぞうほうじ》へ、そして像法時から末法時への移行につれて人類は堕落する。

堕落の起点は釈迦の入滅である。釈迦入滅の後、釈迦の教えすなわち教と、その教に従う修行者すなわち行と、その行の証果すなわち証と、この教・行・証の三つともに備わった正法時が五〇〇年、もしくは一〇〇〇年の間続く。次に、教と行はあるが証のない像法時が一〇〇〇年続いた後に、歴史はただ教のみあって行も証もない末法時に入る。末法時は一万年続く。

ところで、末法時が一万年も続くとすれば、その一万年を経た後の人類の運命は、まだまだ先のことでもあり、それほど気にはなるまい。インド仏教の中にすでに存在していた末法思想を、日本人は中国仏教経由で奈良時代には受容していたが、この国で何よりもまず気掛かりだったのは、末法時一万年の後のことではなく、いつから末法時に入ったか、あるいは入るかであった。そして、奈良時代には、正法時五〇〇年・像法時一〇〇〇年説が行われていた。

この章の最初に引き合いに出した『日本霊異記』も、その下巻の序文で正法・像法・末法の三つの時について述べている。そこでは、釈迦入滅を中国の周の敬王三五年（紀元前四八五）として、正法時五〇〇年・像法時一〇〇〇年説が採られ、仏が涅槃《ねはん》してから、延暦六年（七八七）丁卯《ひのとう》で一七二二年を経たとされる。この計算では、延暦七年が末法第一年になる。「正像の二つを過ぎて、末法に入れり」。

景戒がここで延暦六年という年を言っているのは、この下巻の執筆がその頃だったからであろうか。いずれにせよ、この計算によれば、末法時突入後すでに二〇〇年以上が経っていることになる。『日本霊異記』は、そういう末法意識なしには編まれなかった作品であろう。

ただし、平安時代に一般的だったのは、正法時一〇〇〇年・像法時一〇〇〇年説の方であった。そして、とりわけ一〇世紀から一一世紀半ばにかけての平安末期には、先にも触れたように天変地異、火災、疫病、戦乱など、末法時接近もしくは末法時突入を実感させる状況が続いていた。釈迦入滅を中国の周の穆《ぼく》王の五三年壬申《じんしん》（紀元前九四九）とし、正法時一〇〇〇年・像法時一〇〇〇年で計算すると、日本では後冷泉天皇の永承七年（一〇五二）壬辰《かのとたつ》が末法第一年になる。平安末期の学僧、皇円の『扶桑略記《ふそうりやつき》』の永承七年一月二六日の記述に、「今年始めて末法に入る」とある。

このように末法時が接近し、ついにその中に突入しようという平安末の時代、仏僧の説く六道輪廻の苦しみは、現世にあくせくと生きている者にも、かなり身近に感じられるようになっていたかと思われる。

ただし、人類の堕落を実感させる現象がいかに現世の巷《ちまた》に満ち溢れていたにしても、ただそれだけで、際限なく続くという輪廻転生の苦しみが自らの後生《ごしょう》にかかわることとして、本当に身につまされたであろうか。そのためには、自らの後生を視野に入れた想像力のはたらきが必要だったはずである。その想像力に大きな刺激を与えたのが、源信《げんしん》の『往生要集』であった。

『往生要集』　源信は平安中期の天台宗の僧侶である。天慶五年（九四二）に生まれ、寛仁元年（一〇一七）に死んだ。『往生要集』を書いたのは、寛和元年（九八五）である。

「それ往生極楽の教行《けうぎやう》は、濁世《ぢよくせ》末代の目足《もくそく》なり」と、源信はこの著作冒頭の序文を書き出す。つまり、最初から極楽と濁世とをはっきりと対比している。そして、本文はまず「厭離穢土《おんりゑど》」を説き、次いで「欣求浄土《ごんぐじやうど》」を勧める。つまり、初めからまったく対照的な穢土と浄土なのである。

「大文第一に、厭離穢土とは、それ三界は安きことなし、最も厭離すべし」。この穢れきった世を厭《いと》い離れ、極楽浄土に往生することを願い求めねばならない。その往生極楽は、むろん、輪廻の車輪の際限のない回転の中での転生ではないし、また、往生極楽を求めて厭離すべき穢土とは、ただ現世だけではない。安きことのない三界という輪廻の舞台の一場面でしかない。

たとえば「人道《にんどう》を明さば、略して三の相あり。審《つまびら》かに観察すべし。一には不浄の相、二には苦の相、三には無常の相なり」と源信は言い、その人道《にんどう》がいかに不浄かを力説する。人の身には三六〇の骨があって、節と節が支え合っている。この三六〇の骨の「朽ち壊《くづ》れたる舎《いへ》」のような集合に、五〇〇の断片から成る壁土のような肉や、纏《まつ》わり絡み合った七〇〇の細い脈や、「乱れたる草の覆へるが如」き八万の毛穴などがあり、さらに五つの感覚器官や七つの穴は「不浄にて盈《み》ち満」ち、そして、この人体には無数の虫が棲みついている。まして命尽きた後、塚の間に捨てて置けば、一週間ほどでその身は腫《は》れ脹《ふく》れ、どす黒く変色して、「臭く爛《ただ》れ、皮は穿《む》けて、膿血流れ出づ」という有様になる。

しかも、人道はただ不浄なばかりではない。四百四病という内苦もあれば、たとえば虫害や寒熱や飢渇や風雨などの外苦もある。加えて、人道は無常であって、「たとひ長寿の業《ごふ》ありといへども、終《つひ》に無常を免れず、たとひ富貴の報《むくい》を感ずといへども、必ず衰患の期《とき》あり」。

この現世での人道の生を輪廻の中に位置づけ、輪廻転生の一場面と見ることで、輪廻転生は、ただ後生だけの問題ではなく、いま、ここでの差し迫った問題になってくる。その上で、後生もまた三界に留まるのか、それとも極楽浄土に生まれようとするのか、その選択を源信は読者に迫った。その際、彼がおそらく最も読者の想像力に期待したのは、地獄の表象であった。

天延元年（九七三）、京では前《さき》の越前守、源《みなもとのみつなか》満仲の家を強盗が取り巻いて放火するという事件が起きた。翌天延二年には、疱瘡《ほうそう》が流行した。貞元元年（九七六）、大地震のために東寺も西寺も清水寺も倒壊した。天元三年（九八〇）七月、京を凄まじい暴風雨が襲った。一一月には、内裏《だいり》が焼け落ちた。翌年に新造された内裏も、天元五年（九八二）一一月、再び焼け失せた。その年の二月には、盗人が群れを成して洛中を横行した。その他、いちいち挙げるまでもない。寛和元年（九八五）に源信が『往生要集』を書き上げた背景には、そのまま地獄に連なっても奇怪《おか》しくない現世の不浄、苦しみ、無常があった。

奈落への流転

花の生命は短い。とりわけ桜の花が、まるで生きとし生けるものすべての生命の儚《はかな》さをその一枚《ひとひら》ごとに象徴するかのように、風や雨に散り急ぐのを惜しむ情感を、古くから日本人は抱いていた。

泰山府君

その一人、桜町中納言が、泰山府君《たいざんふくん》を祭って桜花の延命を祈念すると、府君が出現して花の七日の生命を二一日に延ばすのが、能曲「泰山府君」。世阿弥の作である。ここでは、泰山府君は花の寿命を司る神として出現するが、この天神の力はただ花だけに発揮されるのではない。

泰山府君の泰山とは、むろん、中国山東省西北部の泰山を指す。山東山脈の主峰で、標高一五二四メートル。岱宗《たいそう》の別名がある。後漢時代（二五〜二二〇年）には、すでに信仰の対象になっている。王劭《おうしょう》が『風俗通』巻二で、「俗説に、岱宗の上に金篋玉策《きんきょうぎょくさく》あり、よく人の年寿の修短を知る」と書いているように、泰山には人の寿命の長短を記した原簿が保管されていて、人の死後、魂は泰山に赴くとの俗説があった。つまり、この山が一種の他界と見做《みな》されていた。その背景にあったのは、道教と結び付いた山岳信仰であろう。

道教が教団という形で日本に渡来したことはない。ただし、道教はかなり早くから日本に入ってきていた。おそらく四世紀の後半あたりには、朝鮮半島や中国大陸からの渡来人たちが、この国に道教的な思想を運び込んでいたであろう。そして、推古八年（六〇〇）の遣隋使の派遣以降、大陸に渡航した留学生や僧侶たちが帰朝に際して持ち帰ったもののなかには、道教的な観念も含まれていたであろう。日本に古くから存在したアニミズム的な自然崇拝や、すでに触れたような山岳信仰にも通じるような、とりわけ呪術的な要素のゆえに、道教はかなり容易に日本人の心に浸透できたかと思われる。

泰山信仰もまた、道教の一部として日本に入ってきたであろうし、その時、死者の霊の赴くべき冥界としての泰山を、日本人が一種の黄泉《よみ》として受け止めたことは想像に難くない。日本人と道教とのかかわりからすれば、室町時代に世阿弥が「泰山府君」を作ったよりはるか以前、すでに平安時代初期（九世紀）に、泰山に君臨して人の寿命を支配している泰山府君への信仰がこの国に存在していたとしても、さして驚くには当たらない。

もっとも、他界に君臨して人間の寿命を支配するといえば、多くの読者はすぐに閻魔王《えんま》を連想なさるであろう。実際、中国仏教が泰山信仰の中に入り込むと、その地獄説の影響下に泰山府君が閻魔王と同一視されるようになるのに、それほど時間はかからなかった。

奈落　漢訳仏典が、罪を犯し悪業を積んだ者が死後そこに堕《お》ちて、さまざまな責め苦を受けるという地下他界に「地獄」の語を当てたのは、意訳である。サンスクリットの原語（naraka）の音をそのまま写せば「奈落迦」、略して「奈落」である。

いま普通に使われている「奈落」という言葉にともなう、底知れぬほど深く暗い場所とか、転落の果てのどん底といった表象は、むろん、この「奈落」が含み、中国仏教によって増幅された「地獄」の意味から出たことであろう。

たとえば、古代インドの距離の単位のひとつに、「由旬《ゆじゅん》」もしくは「由旬那《ゆじゅんな》」と音写される単位がある。軍隊が一日に進む距離とされ、およそ一〇キロとも一五キロとも言うが、いずれにせよ、かりに地上を横にでなく、地下に向かって縦に一由旬那落ちるとしても、かなりの深さである。それが四万由旬那ともなれば、どれほど深いか、とうてい見当もつくまい。その四万由旬の深みにあるとされた奈落が、無間《むげん》地獄である。

この無間地獄を含めて八大地獄のすべてを統括し、奈落の世界に君臨するのが、閻魔であった。

閻魔

古代インドで、死者を支配する神をヤマと言った。閻魔《えんま》の名は、このサンスクリット語の神名（Yama）の音の写しである。

ヤマは、冥界の支配者として多数の部下を従え、豪華絢爛《ごうかけんらん》たる広大な王宮に住んで、その頭には冠をいただき、身には黄衣をまとい、死者を裁いたという。また、死者を冥界に拉致《らち》するための捕縄を手にしていたともいう。おそらくインドでも、ヤマの表象は必ずしも一定したものではなかった。想像力の対象となる神話的存在の姿は、固定的なものではありえまい。まして中国大陸に渡った時、ヤマは閻魔としてあらためて、ただならぬ想像力の対象になった。ヤマにいかにも厳《いか》めしそうな黒髯を蓄えさせ、中国の裁判官を思わせる服装に改めさせ、その遠景に中国人がその逞《たくま》しい想像力を駆使して描き出した多種多様な地獄を配すれば、それが、ほとんどそのまま、日本人が中国から受容した閻魔の姿になろう。

閻羅の闕

閻魔は閻羅《えんら》ともよばれる。閻羅とは、閻魔王を意味するサンスクリット語の音訳「閻魔羅闍《らじゃ》」の略である。たとえば、『日本霊異記《にほんりょういき》』の中巻の第七話、「智者、変化《へんげ》の聖人《しやうにん》を誹《そし》り妬《うらや》みて、現《うつつ》に閻羅の闕《みかど》に至り、地獄の苦を受くる縁」の「閻羅」とは閻魔王のこと、その閻羅の闕《みかど》とは御門《みかど》、つまり王宮の門のことである。

河内の国に、智光《ちこう》という僧侶がいた。当代随一の智者との聞こえ高く、多くの学生《がくしよう》に仏教の経典を講義していた。この智光が、「変化の聖人」すなわち菩薩が姿を変えて人としてこの世に現れたと崇《あが》められている聖人、つまりは行基《ぎようき》のことだが、その行基が時の聖武天皇に重用され、大僧正に任じられたのを嫉妬する。天皇はなぜ私の智恵を認めず、ただ行基のみを尊重なさるのかと誹り、時を恨んで引退したが、じきに病に罹り、一ヵ月ほどして生命の終わろうとする時、自分が死んでもすぐには焼かず、九日はそのままにしておくことを、ひそかに弟子に命じた。

「時に閻羅王の使二人、来て光師を召す。西に向かひて往き、見れば前路に金の楼閣《たかどの》あり」。「是《こ》は何の宮ぞ」と智光が問うと、日本で有名な智者のお前が知らないとは、どういうことだ。これは「行基菩薩来り生まれ将《む》とする宮なり」と使者が答える。その宮の門の左右には、鎧《よろい》を着て赤い布の鉢巻きを締めた神職者が二人、番をしていた。跪《ひざまず》いた使者が、連れてきましたと報告する。智光法師かと相手が尋ねる。そうですと智光が答えると、門番が北の方を指さして、この道を行けと言った。

智光が使者の後から北への道を進んで行くと、火でもなく日でもないのに、ひどく熱くなってきた。「汝を煎《い》らむが為の地獄の熱気なり」と、使者が説明する。行く手に熱い鉄の柱が立っている。使者に命じられて智光がその柱を抱くと、肉はみな融け爛《ただ》れて骨だけになったが、三日経って使者が柱を破れ箒《ほうき》で撫でながら「活きよ活きよ」と言うと、身体は元通りになった。さらに北に進むと、もっと熱い、今度は銅の柱が立っている。また命じられて、その柱を抱くと、身体全体が爛れて溶けた。三日経って使者が前と同じように柱を撫でながら「活きよ活きよ」と言うと、智光は元通りに生き返って、また北への道を進むことになる。「甚だ熱き火の気《ほけ》、雲霞《うんか》の如くして、空より飛ぶ鳥、熱き気に当りて落ち煎《い》る」。ここはどこかと尋ねると、お前を煎るための阿鼻《あび》地獄だと、使者は答えた。到着すると、智光を捕まえて「焼き入れ焼き煎る」。ただ鐘を打つ音が聞こえる時だけ、この阿鼻地獄の熱が冷めて、苦痛が中断する。三日経って使者が地獄の周縁の部分を叩いて「活きよ活きよ」と言い、智光は元通りになった。やがて、前の黄金の宮殿の門のところに戻る。

門の番をしていた二人が言うには、お前をここに呼んだのは、お前が日本で行基菩薩を誹ったから、その罪を消滅させるためだ。その菩薩が日本での仕事を終えて、もうすぐこの宮に来られる時機なので、われわれはそれをお待ちしている。「慎《ゆめ》、黄竈火物《よもつへもの》を莫食《な》ひそ。今は忽《たちまち》に還れ」。智光は使者とともに東に向かって帰還する。九日が経っていた。蘇生した智光が弟子を呼ぶと、弟子は泣いて喜んだ。

ここで、地獄の門番は黄竈火物、つまり黄泉の火で煮たり炊いたりした物を食べるなと、智光に忠告している。黄竈火物を食べることを、黄泉戸喫《よもつへぐい》と言った。本書の最初の部分で、伊邪那美神《いざなみ》の黄泉戸喫に触れて書いたように、ひとたび黄泉戸喫をしてしまえば、もう黄《よ》泉《み》の国の住人となって、その国から脱《ぬ》け出すことはできない。だから、黄竃火物を食べずに早々に現世に戻れと、智光は忠告されている。

ここでは明らかに、古代日本的な他界観念と中国渡来の地獄の観念とが、互いに争うことなく、ごくおおらかに同居している。この例に限らず、日本的な「よみ」か、中国的な「地獄」か、どちらかを選ぶというような発想は、おそらく日本にはなかった。

日本人にとって他界に関して二者択一が問題になるのは、黄泉か地獄かの選択ではなく、末法思想や因果の思想を背景に、六道輪廻を続けるか、それとも真剣に極楽往生を願うかの選択を突きつけられた場合である。『日本霊異記』の時代、まだ仏教は日本人にこの選択を激しく迫ってはいなかった。

地獄からの帰還

同じく『日本霊異記』の中巻、第一九話にも、「閻羅王の闕《けつ》」が出ている。時も同じ聖武天皇の代、現世での所も同じ河内の国の話である。

主人公は優婆夷《うばい》、つまり女性の仏教徒である。

彼女は常に『般若心経』を念じ、信仰していた。「心経を誦する音《こゑ》、甚だ微妙《みめう》にして、諸《もろもろ》の道俗の為に愛楽《あいげう》せらる」。その優婆夷が就寝中、病気でもないのに俄《にわか》に死んで、閻羅王のところに来た。すると、閻羅王が台座を作り、そこに敷物を敷いて、彼女を座らせて言う。伝え聞くところでは、貴女は見事に『般若心経』を誦えるそうだ。私はその声を聞きたい。そのために、貴女を招いただけなのだ。ぜひ、心経を誦えてほしい。

彼女が『般若心経』を誦えると、「王聞きて随喜し、坐より起《た》ち、長跪《ひざまづ》きて、拝して」言った。「貴きかな。当《まさ》に聞きしが如く有り」と。三日経って、王が彼女を帰す。門のところで出会った黄衣を着た三人の者が言う。近頃お目に掛からないので、お会いしたいと思っていたところ、偶然お会いできました。さあ、急いでお帰りなさい。三日後、奈良の都の東の市《いち》で必ずお会いしましょう。

この三人、実は人間ではなく、彼女がかつて写経した『梵網経《ぼんもう》』二巻と『般若心経』一巻であって、写経後の供養を済ませぬうちに盗まれていたものであった。蘇生した彼女が三日後、奈良でこの黄色の表紙の経文三巻を買い取って、それと気付き、再会の約束が果たされることになる。

ところで、先の話と同様、ここでも主人公は死んで地獄の閻羅の王宮に行くが、また現世に戻って蘇生している。この『日本霊異記』をさきがけとする日本の仏教説話集には、地獄からの帰還の話が多い。ただ、この説話集より後代のものになると、死んで地獄に行った者が現世に戻れるのは、ほとんど地蔵菩薩の功徳《くどく》ということになっている。地獄と極楽とが対比され、後生《ごしょう》二元論が日本人の問題になってくるにつれて、地蔵信仰がこの国に拡がったためと見ていい。

ただし、地蔵信仰はもともと仏教の地獄思想と深く結び付いたものであった。救済を用意しない宗教はなかろう。仏教の文脈で編まれたこの『日本霊異記』にも、地蔵菩薩は登場している。しかも、閻羅王その人としてである。

地蔵菩薩としての閻羅王

『日本霊異記』下巻の第九話、主人公は藤原朝臣《ふじわらのあそん》広足《ひろたり》、蘇生した広足が地獄での経験を語る。

頬髭の逆立って生えた男が、赤い衣服の上に鎧《よろい》を着て武器を持って、閻魔の庁からの急の召喚を伝え、長い槍で背中を突くようにして広足を促した。彼の前に一人、背後に二人見張りが付いていて、閻魔庁の使者の間に彼をはさんで追い立てる。行く手で道が中断して、深い河があった。「水の色黒《くろ》黛くして流れ不《ず》、沖《ふか》く寂《さ》びたり」。橋の代わりに木の枝を置こうとするが、枝の端が両岸に届かない。それで先導者の言いつけに従って、その蹤《あと》を踏んで渡った。向こう岸に渡って先に進むと、幾重にも屋根の重なった楼閣があって、明るい光が照り輝いている。四方に宝玉の簾《すだれ》が掛けられた中に誰かがいたが、その顔は見えなかった。

簾の中の人が、お前の後に立っている者を知っているかと尋ねる。振り返って見れば、懐妊して子を産むことなしに死んだ妻がいた。この女が嘆き訴えたので、お前を呼んだのだ。この女は苦しみを六年間受けることになっているが、いま三年が過ぎて、あと三年残っている。ところが、お前の子を懐妊して死んだのだから、あと三年残っている苦しみはお前と一緒に受けたいと、女が言っている。

「我、此の女の為に、法華経を写し、講読し供養し、受くる所の苦を救はむ」と広足が答えると、その言葉通りならすぐ帰してやってくださいと、妻が簾の中の人に頼んだ。それでは早速帰って、すぐ『法華経』を修せよと、その人が彼に命じる。そこで王宮の門のところまで出てきたが、自分を呼んだ人の名を知りたくなった広足が、引き返して尋ねると、相手が告げた。「我を知らむと欲《おも》はば、我は閻羅王、汝が国に地蔵菩薩と称《い》ふ、是《こ》れなり」。

地蔵信仰

地蔵菩薩の前身は古代インドの大地の女神であった。「地蔵」という言葉自体が、「大地なる母胎」を意味するサンスクリット語の漢訳である。母胎として万物を包容し育《はぐく》む大地の徳が、そのまま、すべての罪人の苦を引き受けて救済しようとの悲願を抱いて地底にある地蔵菩薩の徳に引き継がれたと見ていい。『西遊記』の登場人物として知られる玄奘《げんじょう》三蔵《さんぞう》の訳になる『仏説大乗大集地蔵十輪経』、それと同じく唐代に出た『仏説地蔵菩薩本願経』、そして隋代の『占察善悪業報経』の三つが、地蔵信仰を伝えた有名な漢訳仏典として、世に地蔵三経とよばれる。とりわけ唐の時代の二作、略して『地蔵十輪経』と『地蔵本願経』とが、この信仰を伝えた代表的なものである。

釈迦が歿してから弥勒菩薩が出現するまでの、仏のいまさぬ無仏の世の救済者として、地蔵は、地獄をはじめ六道にわたって、男子にも女子にも天竜にも鬼神にも化身し、百千万億もの姿で出現する。地獄では、閻魔にも獄卒にも身を変じる。地蔵像として造形された、あの宝珠を掌に載せ、錫杖《しゃくじょう》をついて、乞食《こつじき》僧のような姿という、およそ菩薩らしからぬ地蔵の表象にも、六道を巡り歩きつつ衆生を救済しようとする地蔵の悲願が顕れていると見るべきであろう。

地蔵経典の日本への伝来が奈良時代だったとすれば、『日本霊異記』の編まれた時代には、すでにこの国にも地蔵信仰は浸透しつつあった。その頃には、一方で地獄に君臨する厳格な裁判官としての閻羅すなわち閻魔王、他方で六道を巡り歩いては衆生《しゅじょう》を救済する地蔵菩薩、この両者が同一の存在だといわれても、あまり驚かない程度に、日本人も地蔵菩薩の霊験を信じるようになっていたということか。

もっとも、この地蔵菩薩の性格からすれば、この国に地蔵信仰が広まるためには、後生で六道を輪廻するとはいかなることか、とりわけ地獄に堕《お》ちるとはどんなことかが、身の毛のよだつほどの恐怖心とともに認識されていなければならない。

そのためには、いかにも末法時接近を実感させるような天災や人災が相次ぎ、社会不安が増大し、律令制が崩壊しかけ、政治的にも変革期に入っていた一〇世紀末という時代が必要であった。そういう時代に、源信が『往生要集』を編んで、六道輪廻、わけても堕地《だじ》獄《ごく》の恐ろしさを人々に植えつけることが必要であった。

堕地獄の悲惨

古代インドの宇宙観によれば、世界の中心をなす須弥山《しゅみせん》から南に、閻浮《えんぶ》の樹が茂り、しだいに細くなる台形の土地がある。それが人間の住む世界であって、ここを閻浮提《えんぶだい》と言う。この閻浮提の下方に、地獄が重なっている。

その地獄に堕ちた者の悲惨を説くことから、源信は『往生要集』を書き始める。「厭離《おんり》穢土《えど》」を主題とする大文第一すなわち第一章の冒頭で、彼は地獄がいかに怖いところか、いかに救いようもなく悲惨なところか、いかに限りなく激しい苦痛がそこで待ち受けているか、ただそれのみをひたすら語りつづける。そこには罪人を救う者はいない。地蔵菩薩の影ひとつない。

閻浮提から「欲界の最底の処」まで、下方に向かってしだいに恐ろしさ、激しさを増しながら、八つの地獄が重なっている。等活《とうかつ》、黒縄《こくじよう》、衆合《しゆごう》、叫喚《きようかん》、大叫喚、焦熱《しようねつ》、大焦熱、そして阿鼻（無間）の八つである。

第一の地獄では、「この中の人は、互に常に害心を懐《いだ》けり。もしたまたま相見れば、猟者の鹿に逢へるが如し。おのおの鉄爪を以て互に摑《つか》み裂く」。ここでは獄卒が鉄棒や鉄杖で罪人の身体を破り砕いたり、鋭利な刀でその肉を割《さ》くのだが、「涼風来り吹くに、尋《つ》いて活へること故の如し」。かくて等しく活っては、また苦しみを受けつづけるのが、等活地獄である。

第二の黒縄地獄では、「獄卒、罪人を執《とら》へて熱鉄の地に臥せ、熱鉄の縄を以て縦横に身に絣《すみなはをひ》き、熱鉄の斧を以て縄に随《したが》ひて切り割く。或は刀を以て屠《ほふ》り、百千段と作《な》して処々に散らし在《お》く。また、熱鉄の縄を懸けて、交へ横たへること無数、罪人を駈《か》りてその中に入らしむるに、悪風《にはか》暴に吹いて、その身に交へ絡まり、肉を焼き、骨を焦《こが》して、楚毒極《きはま》りなし」。

第三の衆合地獄では、「多く鉄の山ありて、両々相《あひ》対す。牛頭《ごづ》・馬頭《めづ》等の獄卒、手に器《き》仗《ぢやう》を執り、駈りて山の間に入らしむ。この時、両《ふたつ》の山、迫り来りて合せ押すに、身体摧《くだ》け砕け、血流れて地に満つ」。あるいは鉄の山が空から落ちてきて罪人を打ち砕き、あるいは獄卒が罪人を石の上に置いて大きな岩で圧《お》し潰したり、鉄の臼に入れて鉄の杵でつき、その砕け潰れた身体に獄鬼や熱い鉄の獅子や虎や狼などの獣《けもの》、鳥や鷲などの鳥が群がって、これを貪《むさぼ》り食う。

いま、ここで、私がこんな調子で八大地獄の紹介を続ける必要があるのだろうか。それぞれの地獄についての源信の叙述は、こんな簡単なものではない。『大智度論《だいちど》』『倶舎論《くしゃ》』『瑜伽論《ゆが》』『正法念処経』等、数多くの仏典を渉猟《しょうりょう》しながら、良く言えば精力的に博引旁証、微に入り細を穿って、悪く言えば執拗に、この天台宗の僧侶は閻浮提のはるか下方の奈落に向かって、順次、一つ一つの地獄の酸鼻を克明に描いてみせた。六道のうち地獄を除いた他の五つの世界、すなわち餓鬼道、畜生道、阿修羅道、人道、天道のすべてにくらべて、彼が地獄を書くにあたって異常に費やしたのは、ただ紙数だけではない。

『往生要集』の跋文《ばつぶん》によれば、源信はこの著作全三巻を永観二年（九八四）一一月から翌年の四月までのごく短い期間に書いている。冒頭部の「地獄」は、おそらく烈しい意気込みで一気呵成《いっきかせい》に書かれたであろう。なぜ、この冒頭部の執筆に執念といってもいいほどの情熱を注ぎ込んだのであろうか。

『往生要集』は、その書名のとおり、極楽浄土に往生するための要《かなめ》を集大成すべく撰述されたものだろう。ただし、濁世《じょくせ》にあって往生極楽という救済を説き、衆生に欣求浄土《ごんぐじょうど》の心を起こさせるためには、何よりもまず、人が生死を繰り返している穢土がいかに厭離すべき絶望的な世界か、六道四生にわたる輪廻がいかに虚しく惨めなことかを、極力強調しなければならなかった。とりわけ業《ごう》ゆえに骨をも熔《と》かす灼熱の中で無限に責め苦を受けつづけ、その阿鼻叫喚を閻浮提にすら、まして仏には伝える術《すべ》もない、その救いのない酸鼻の表象《イメージ》を、これでもかこれでもかとばかり見せつける必要があった。

仏土から遠く

この源信からもう少し後になると、現世もやはり穢土に他ならないこと、地獄に直結していること、ここにもまた地獄の業風と同じ風が吹き荒れ、地獄の業火と同じ火が燃え盛っていることを今さらのように認めざるをえない、さまざまな現象や状況に直面しながら、末法時近しの緊迫感が急激に増大することになる。時代は、いわば加速度的に、末法時に突入しようとしていた。この緊迫感の中で、いま自分たちの生きているこの国が仏国土から隔たること、いかにも遠いという思いも強まったであろう。

これは久しく日本が、仏教文化を含めて、九州の北部や本州の日本海側から入ってきた外来文化に対して、ひたすら受け入れ側に立っていたという事情とも必ずしも無関係ではない事柄であろうが、この時期、この国が仏国土から最も遠く離れ、仏法の光明の最も届きにくい辺境、人間の住む世界たる閻浮提の末端に辛《かろ》うじてしがみついている小島でしかないとの思いが、よけい地獄を身近に感じさせることになった。

もし自分の生きているこの場が仏法とは最も縁遠い辺境だとするなら、ここはそれだけ地獄に近いのではないか。自分のすぐ足元に、肉眼には見えなくとも、地獄の奈落への穴が開いているのではないか。

小野篁伝説

源信より一四〇年ほど前、小野篁《おののたかむら》という人物がいた。漢学、和歌、書などにすぐれ、養老律令の官撰注釈書『令義解《りょうのぎげ》』の撰集者の一人としても知られている。天長一一年（八三四）に遣唐副使に任じられながら乗船せず、五年後、絞首刑になるべきところ、死一等を減じられて隠岐に流されたが、後に赦され、仁寿二年（八五二）に死んだ。

この小野篁に、病死した西三条大臣良相《さいさんじょうのだいじんよしすけ》が地獄で会ったという話を、『今昔《こんじゃく》物語集』が伝えている（巻第二〇第四五話）。

良相《よしすけ》が地獄の王宮に連行されると、閻魔王の家臣の居並ぶ中に小野篁がいて、この日本の大臣は心が素直で、他人のために吉《よ》いことをする人物だから、自分に免じて今度の罪を見逃してやってほしいと、閻魔王に頼んでくれた。おかげで生き返った良相は、その後、地獄でのことを他人に話すことはしなかったが、たまたま宮中で篁と二人きりになった時、思い切って、あの冥途でのことが忘れられません、あれはどういうことだったのでしょうと尋ねてみた。すると、相手は「少し頬咲《ほほゑみ》て」、かつて死一等を減じられた時のお礼までにしたことですが、あそこで私と会ったことは決して人に言ってはいけませんよ、まだ人の知らないことですからと答えた。良相はこれを聞いて、篁はただ者でないと恐れた。もっとも、このことは自然に世間に知れ、皆が「篁は閻魔王宮の臣として通ふ人なり」と恐れるようになった。

金属製の印章に彫られた阿弥陀如来を示す梵字のことを、印文《いんもん》という。京都の六波羅蜜《ろくはらみつ》寺《じ》に伝わる印文のことを書いた『御印文略記』には、こう述べられている。「小野篁、黄泉に趣き給ふ時、焔魔大王より御相伝有し御印文なり、大王勅して曰く、娑婆にて重罪五逆の者たり共、此印文を採り来るものは、其罪滅するが故に、極楽に往生なさしむるとの御誓約なり」。

この六波羅蜜寺の北の六道の辻を東に折れると、すぐに六道珍皇寺《ろくどうちんこうじ》の前に出る。伝説によれば、小野篁は夜な夜な、この六道珍皇寺境内の井戸から黄泉に下りた。

ところで、京都で地名に六道という言葉がいまに残るのは、六道の辻だけではない。嵯峨野の大覚寺の門前に、嵯峨大覚寺門前六道町という地名がある。ただし、かつては現在のこの六道町よりやや西寄り、大覚寺と清涼寺との中間あたりが嵯峨六道町とよばれ、福生寺という寺があって、そこにも井戸が掘られていた。この寺はいまは清涼寺の寺領の中に移され、薬師寺とよばれている。伝説によれば、小野篁はこの福生寺の井戸からこの世に戻るのが常であった。

つまり、伝説によれば、小野篁は夜毎、六道の辻の方の井戸から冥途に入っては、六道町の方の井戸からこの世に戻ることを繰り返していた。六道の辻は鳥部野、六道町は嵯峨野。どちらも、かつては葬送の地であった。

直下の地獄

かつて鳥部野の六道珍皇寺の井戸は「死の六道」とよばれ、嵯峨野の福生寺の井戸は「生の六道」とよばれていたという。この死の六道と生の六道とを結ぶ線は、かつての平安京の中心部を斜めに横切る。もう少し正確に言えば、地上ならば六道珍皇寺を出発して、現在の仏光寺あたりを通過、四条大宮から西大路三条に出て、広隆寺あたりを抜け、大覚寺と清涼寺の中間に向かう斜線である。だが、地獄は地上にはない。小野篁は死の六道から地下の地獄に下り、生の六道から地上に生還するのを常とした。とすれば、平安京の真下に地獄があったことになる。現世は奈落の真上にあった。

六地蔵

現在、六道の辻が最も賑《にぎ》わうのは、八月七日から一〇日までの六道まいりの期間である。六道まいりとは、六道を迷い彷徨《さまよ》う先祖の霊を槙《まき》の小枝に迎えて供養する行事をいう。ついでだが、伝説では、小野篁は高野槙《こうやまき》の枝を伝って死の井戸を下りた。

六道珍皇寺の境内では、参詣人たちが迎え鐘、つまり精霊《しょうりょう》を迎えるための鐘を撞《つ》き鳴らすだけでなく、本堂に向かって左手に立ち並ぶ地蔵尊に経木《きょうぎ》を供える。つまり、この行事は地蔵信仰とも結び付いているのである。そして、この六道まいりが終わると、じきに地蔵盆になる。六波羅蜜寺《ろくはらみつじ》では、一一世紀頃には地蔵盆の前身となる地蔵会《え》が始まっていた。

地蔵盆については、小野篁が六体の地蔵尊像を木幡《こはた》の法雲山大善寺に安置したのが起源だとの伝説もある。この大善寺は京都の六地蔵の一つだが、地蔵盆の時期、京都では六地蔵めぐりが行われる。この都の出入口に当たる七つの街道の辻ごとに六体の地蔵尊像が置かれたのを、札所めぐりふうに巡拝する行事である。この六地蔵の「六」が六道の「六」

に対応することは、いうまでもない。地蔵菩薩は無仏の世にあって、衆生を六道輪廻の苦しみから救う救済者であった。

とすれば、平安京は地獄の真上に存在していただけではない。六地蔵の護りたもう平安京の境界の外に一歩踏み出せば、もう六道四生の輪は回り始めていたのである。

これはただ平安京だけのことだったであろうか。かつて、自分の普段の生活圏の外側は一種の他界であって、その境界を内から踏み越える者は他界への旅人であり、外から訪れた者は他界からの客であった。その境界、たとえば村外れの川にかかる橋、村と他界との境の峠、村と他界とを結ぶ辻などには、塞《さえ》の神ないしは道祖神が祀られて、村人は他界から悪霊が侵入しないように、また他界への旅が無事であるようにと祈った。その同じ境にやがて地蔵尊も祀られ、同じ祈願の対象になった。

六道の辻も元来、そのような境界の一つだった。六地蔵もまた、そのような境に置かれた。そして、地蔵菩薩の功徳《くどく》が日常の生活圏と同一平面上にある他界に対して発揮されるのみでなく、現世と次元の異なる他界、とりわけ地獄に及んだことはいうまでもない。

衆生の輪廻する六道のさまを描いた絵を六道絵という。日本に現存する最古のものは、東大寺二月堂本尊の光背の端に彫られた地獄絵で、獄卒に責められる火中の罪人を描いているが、奈良時代のものはこれだけであって、他は平安時代に入ってから、それもほとんどが『往生要集』から一世紀余を経た一二世紀以降の作である。それだけに、直接にせよ間接にせよ、『往生要集』に刺激された想像力の所産と見ていい。

六道絵

平安時代、毎年一二月に宮中の清涼殿で諸仏の名号《みょうごう》を唱えて罪障消滅を祈願する仏名会《ぶつみょうえ》という行事があった。

御仏名のまたの日、地獄絵の屏風とりわたして、宮に御覧ぜさせ奉らせ給ふ。ゆゆしう、いみじきことかぎりなし。「これ見よ、見よ」とおほせらるれど、「さらに見侍らじ」とて、ゆゆしさにうへやにかくれふしぬ。（『枕草子』）

源信が『往生要集』を書いたのは、清少納言が一条天皇の中宮定子に仕えていた時期だが、『枕草子』の執筆よりはやや前であろう。ここで語られている地獄絵の屏風がもし現存するとすれば、地獄絵屏風ではかなり早い例になる。その図柄は知るよしもないが、この才女が正視できず小部屋に隠れ伏したほどの「ゆゆしさ」こそ、六道絵、わけても地獄絵の眼目ではなかったであろうか。堕地獄の恐怖を具象化することで往生極楽の願いをかき立てるという点で、そこには『往生要集』の地獄の叙述と共通のものがあった。

そして、この六道絵の眼目とするところは、名品『地獄草紙』などに結実しながら鎌倉時代に引き継がれ、その後も江戸時代にかけて一貫して変わらなかった。いや、現代でもと言ってもいいかもしれない。現代人にとっても、六道絵はそれなりの説得力を持っている。たとえば六道珍皇寺では、六道まいりの期間、江戸時代に描かれた六道十界図が公開され、その前に賽銭箱が置かれているが、その図に限らず、この国で数多く描かれてきた地獄絵に重ねて、あの原子爆弾が地獄からこの現世に喚《よ》んだ業風や業火を表象《イメージ》するのは、私だけであろうか。

地獄めぐり

現代でも、たとえば大分県の別府温泉で、観光客が地獄めぐりをする。酸化鉄や酸化アルミニウムなどを含有する赤色粘土の噴出で池も湯気も血の色に染まった血の池地獄、噴出した熱湯が池に落ちる時に温度と圧力の低下によって白濁した白池地獄、硫酸鉄を含む熱湯で池がコバルト色をした海地獄などである。

ただし、火山列島といってもいいこの国には水蒸気や熱湯や高熱の粘土の噴出が各地に見られるから、地獄に見立てることのできるような景観は、ひとり別府だけのものではない。噴気孔から絶えず熱湯や水蒸気が噴き出すために地獄谷とよばれている場所も、さほど珍しくはない。

青森県下北半島むつ市の恐山《おそれざん》は、おそらく一六世紀以降、地蔵信仰と深く結び付きながら死者供養の地になった。七月二〇日から二四日にかけての地蔵講の期間、円通寺境内、とりわけ本尊を祀った地蔵堂と、賽《さい》の河原の地蔵堂のあたりに巫女《いたこ》が集まって、参詣者の需《もと》めに応じて口寄せをする。口寄せとは、巫女が死者の霊を招き寄せ、自分の口を通してその霊の思いを語ることである。

本尊地蔵堂から賽の河原の地蔵堂にかけて、荼毘《だび》に付された人骨さながらの石塊が足元にころがり、いたるところに硫黄泉が噴出し、奇怪な形をした大きな岩が聳え、その間を縫うように坂が上下して、無間地獄、賭博地獄、血の池地獄、女郎地獄、重罪地獄など、さまざまな地獄に道が通じている。巫女に口寄せをしてもらった女たちが、たとえば血の池地獄のわきの茂みで日焼けした頬に涙を流しながら、おそらく死んだ縁者の名前であろう、人の名を呼んでいるのを見れば、この自然の造形を生かした地獄めぐりが、現代もなお、かつての地獄絵と同じような効果を持つことは明らかであろう。

ところが、賽の河原から東に向かうと、不意に右手に宇曾利湖《うそりこ》が見えて、眺望が一変する。湖の対岸には山の緑が鮮やかに映《は》え、こちらの岸の足元は細かい石片で、それがあくまでも白い。ここは極楽ケ浜とよばれている。地獄から極楽へのこの自然の一瞬の転換は、まことに印象的なのである。その印象には、『往生要集』の「厭離穢土」から「欣求浄土」への転換を思い出させるものがある。

浄土への往生

聖衆来迎

源信は『往生要集』大文第二の「欣求浄土《ごんぐじょうど》」で、浄土そのもののことを書くに先立って、現世から浄土への移行について述べる。

「第一に、聖衆来迎《しやうじゆらいがう》の楽《らく》とは、およそ悪業の人の命《いのち》尽くる時は、風《ふう》・火《くわ》まづ去るが故に動熱にして苦多し。善行《ぜんぎやう》の人の命尽くる時は、地・水まづ去るが故に緩慢にして苦なし。いかにいはんや念仏の功積《つも》り、運心《うんじん》年深き人は、命終《みやうじゆ》の時に臨んで大いなる喜 自《おのづか》らに生ず」。善行の人、とりわけ何年も何十年も心を浄土に運んできた人は、臨終に際して自ずから大きな喜びがある。それが聖衆来迎《らいごう》の楽、つまり浄土の菩薩たちが迎えに来る楽しみに他ならない。

「しかる所以《ゆゑん》は、弥陀如来《みだによらい》、本願を以ての故に、もろもろの菩薩、百千の比丘《びく》衆とともに、大光明を放ち、皓然《がうねん》として目前に在《ま》します」。聖衆を随《したが》えた阿弥陀如来が光り輝きながら眼の前に在《いま》す時、大悲観世音《だいひかんぜおん》が蓮台《れんだい》を手に捧げて行者に歩み寄り、大勢至菩薩《だいせいしぼさつ》が数多くの聖衆とともに、「同時に讃嘆して手を授け、引接《いんぜふ》したまふ」。

「当《まさ》に知るべし、草菴《さうあん》に目を瞑《と》づる間《とき》は便《すなは》ちこれ蓮台に跏《あなうら》を結ぶ程《とき》なり」。行者は草庵で目を閉じると同時に、もう大悲観世音が浄土から持ってきた蓮台の上に、結跏《けっか》すなわち両足の裏を見せる形で坐っている。「即ち弥陀仏の後に従ひ、菩薩衆の中にありて、一念の頃《きやう》に、西方極楽世界に生るることを得るなり」。一念の頃とは、きわめて短い時間のことである。あっという間に、もう極楽浄土に往生しているのである。

　源信自身の断り書きによれば、これは『観無量寿経』『無量清浄平等覚経』、ならびに伝記などを参考にした記述である。さまざまな文献に当たっている点では、地獄についての叙述も同様であった。

　ただ、地獄の場合、源信以前にこの国で書かれた地獄は、彼の描いた地獄ほど凄惨ではない。地獄の責め苦に喘《あえ》ぐ罪人の荒い息づかいも聞こえてこない。たとえば『日本霊異記《にほんりょういき》』の地獄も、同じく仏教の側からの記述であることは歴然としているが、まだ、ほぼ従来の日本の黄泉《よみ》の観念の延長線上に読み取っていい。それが『往生要集』を読むことで、多くの日本人は堕地獄《だじごく》の恐怖に戦《おのの》くようになった。

だが、聖衆来迎の場面については、源信の記述はそれほど目新しいものではなかったのではないか。彼が参考にした伝記とは何かは不明だが、『往生要集』と同時期に成立した『日本往生極楽記』にも、聖衆の来迎ぶりがさまざまに語られている。たとえば、延暦寺の座主《ざす》の増命の臨終の直前、「今夜《こよひ》金光忽ちに照し、紫雲自《おのづか》らに聳《そび》えけり。音楽空に遍《あまね》く、香気室に満てり」。

同じ延暦寺の僧の尋静は、生命尽きなんとする予感の中で、「我夢みらく、大きなる光の中に、数十の禅僧、宝輿《ほうよ》をもて音楽を唱へ、西方より来りて虚空《こくう》の中に住す。自ら謂《おも》へらく、これ極楽の迎なり」。

同じく延暦寺の僧の春素が弟子に言う。「弥陀如来、我を迎接せむと欲《おも》ひたまふ。その使の禅僧一人・童子一人、共に白衣を着たり。衣の上に画あり、花の片《はし》を重ぬるがごとし」。

空也上人《くうやしようにん》は、遷化《せんげ》の日、浄衣を着て香炉《こうろ》を捧げ、西方に向かって端座する。「多くの仏菩薩、来迎引接したまふ」と弟子に言ってから息が絶えたが、その後も、上人はまだ香炉を捧げ持っていた。「この時音楽空に聞え、香気室に満てり」。

臨終の行儀

万寿四年（一〇二七）、権力をほしいままにし、栄耀栄華《えいようえいが》をきわめてきた御堂関白《みどうかんぱく》藤原道長が死んだ。臨終まぎわの道長を、『栄花物語』巻第三〇は次のように伝えている。

仏の相好にあらずより外の色を見むとおぼしめさず、仏法の声にあらずより外の声を聞かんとおぼしめさず。後生の事より外の事をおぼしめさず。御目には阿弥陀如来の相好を見奉らせ給、御耳にはかう尊き念仏をきこしめし、御心には極楽をおぼしめしやりて、御手には弥陀如来の御手の糸をひかへさせ給て、北枕に西向に臥させ給へり。

場面は道長自身が平安京に発願建立した壮大な法成寺無量寿院の中の阿弥陀堂。堂内、阿弥陀如来像の手から伸びる五色の糸をその手に結び付けて、北枕、西向きに臥した道長は、ひたすら念仏を唱えながら、来迎の時を待っていた。死期の近づく中で、「たゞこの御念仏の怠らせ給はぬにのみ、おはします定にてあるなり」と、『栄花物語』には書かれている。聖衆の来迎を受けて西方極楽浄土に往生しようとの願いを抱いて、道長は死んだ。これは、ほぼ、源信が『往生要集』大文第六「別時念仏」の「臨終の行儀」の段で、『四《し》分律行事鈔《ぶんりつぎょうじしょう》』から引用したとおりの死にかたである。

すなわち、無常院を造り、「もし病者あらば安置して中に在《お》く」。「その堂の中に、一の立像《りふざう》を置けり。金薄《こんぱく》にてこれに塗り、面《おもて》を西方に向けたり。その像の右手は挙げ、左手の中には、一の五綵《ごさい》の幡《はた》の、脚は垂れて地に曳けるを繋ぐ。当《まさ》に病者を安んぜんとして、像の後に在《お》き、左手に幡の脚を執り、仏に従ひて仏の浄刹《じやうせつ》に往く意《おもひ》を作《な》さしむべし」。ここでは仏像は西向きだが、源信は同時に、「仏像を東に向け、病者を前に在く」説も紹介することを忘れなかった。

「別時念仏」には、「今既に病床に臥す。恐れざるべからず。すべからく目を閉ぢ、合掌して、一心に誓期《せいご》すべし。仏の相好にあらざるより、余の色を見ることなかれ。仏の法音にあらざるより、余の声を聞くことなかれ。仏の正教にあらざるより、余の事を説くことなかれ。往生の事にあらざるより、余の事を思ふことなかれ」ともある。

このようにして来迎を待ち受けたのは、むろん、この老いた権力者のみではなかった。道長の子、頼通《よりみち》が宇治川の畔《ほとり》に建立した平等院の鳳凰堂と、そこに安置された阿弥陀如来坐像をはじめ、数多くの阿弥陀堂が建てられ、阿弥陀如来像が造られ、また来迎図が描かれたのであった。

来迎図

平安時代、二様の来迎図が描かれている。一つは阿弥陀仏を中心に聖衆が正面から来迎するもの、もう一つは斜めに下降してくるものであって、鎌倉時代に入ると後者が主流になる。ほとんどが画面左上から右下に向かっての来迎である。平安時代の正面来迎図の代表作に、比叡山横川の蓮華谷の一房から高野山に移され、有志八幡講十八箇院に伝わる「阿弥陀聖衆来迎図」がある。むろん、礼拝の対象として描かれたものであろう。正面中央に阿弥陀仏が大きく金色《こんじき》に描かれ、その前面左右に二菩薩。背後の菩薩たちの多くは音楽を演奏している。阿弥陀聖衆すべてが雲の上に坐って、礼拝者に向かっておもむろに真正面から近づいてくる。三幅から成るこの図を前にした時、欣求浄土の思いはいや増したであろう。

たとえば鎌倉時代の作だが、知恩院の「阿弥陀二十五菩薩来迎図」、いわゆる「早来迎」

が、これと鮮やかな対照を示す。先導は三菩薩。他の菩薩たちを随《したが》えた阿弥陀仏が雲に乗って、画面左上から、桜花の咲く山の険しい斜面を一気に駆け降りるかのように、右下に合掌して待つ往生者の庵の前庭に向かって、さっと下降する。先頭の一菩薩が跪坐《きざ》している以外は、すべて長く尾を引く雲の上に立っている。

鎌倉時代には、山の向こうから阿弥陀仏が半身を現して、聖衆とともに、いままさに現世に向かって近づいてこようとする、いわゆる山越来迎図も描かれている。京都の禅林寺と金戒光明寺に伝わる二作のように、この方は正面向きのものが優れている。

浄土の風景

「聖衆来迎の楽」に続いて、源信は浄土に生まれ変わった者に起こる「盲者の、始めて明らかなる眼を得たるが如く、また辺鄙《へんぴ》の、忽ち王宮に入れるが如」き変化を語り、眼に見えるもの、耳に聞こえるもの、すべて珍しい中で、遠く阿弥陀如来を拝し、その阿弥陀如来の左右にいた観音、勢至が近寄って「大悲の音を出して種々に慰喩《ゐゆ》したまふ」感激を述べる。「蓮華初開《れんげしよかい》の楽」である。「身相神通《しんさうじんつう》の楽」では、浄土にいる衆生《しゆじよう》がその身金色に輝き、内も外も清浄で、超人的な不思議な能力を持って、「心の随《まま》に自在」であること、「五妙境界《ごめうきやうがい》の楽」では、五官で捉えられる色、声、香、味、触のすべてが、いかに「美を窮《きは》め妙を極《きは》め」ているかが、まるで現に浄土の風景の中に立っているかのように語られる。「快楽《けらく》無退の楽」では、この西方極楽浄土が「楽を受くること窮《きはま》りなく、人天交接《にんてんけうせう》して両《とも》に相見ることを得」る、つまり浄土に来た者が限りない喜びの中で天人、聖衆と互いに交わり合う嬉しさ、「引接結縁《いんぜうけちえん》の楽」では、「もし極楽に生るれば、智慧高く明かにして神通洞《ふか》く達し、世々生々の恩所・知識、心の随《まま》に引接す」る喜びが述べられる。

次いで「聖衆倶会《しやうじゆくゑ》の楽」では、地蔵菩薩を含めて浄土の菩薩たちと倶《とも》に一処に会することのできる「聖衆倶会の楽」、「常に弥陀仏を見たてまつり、恒《つね》に深妙《じんみやう》の法を聞く」ことのできる「見仏聞法《けんぶつもんぽふ》の楽」、無量寿仏その他の諸仏をいつでも供養することのできる「随心供仏《ずいしんくぶつ》の楽」、そして最後に、「かの極楽国土の衆生は、多くの因縁あるが故に畢竟《ひつきやう》して退かず、仏道を増進す」るという「増進仏道の楽」を、源信は語った。

その中で、日本人の感性を最も揺さぶり、刺激したのは「五妙境界の楽」であろう。ここで展望される浄土の風景、たとえば「瑠璃《るり》を以て地と為《な》し、金の縄にてその道を界《さかひ》」し、「一々の界の上には、五百億の七宝より成るところの宮殿《くでん》・楼閣」が建ち、「講堂・精《しやう》水《すい》精《しやう》の池の底には瑠璃の沙あり、瑠璃の池の底には水精の沙あり、黄金の池の底には白銀の沙《いさご》あり、水《すい》精《しやう》の池の底には瑠璃の沙あり、瑠璃の池の底には水精の沙」あって、「八功徳《はっくどく》の水、その中に充満し、宝の沙の、映徹して深く照らざることな」く、「四辺の階道は衆宝もて合成《がふじやう》し、種々の宝花は池の中に弥《あま》ねく覆ふ。青蓮には青き光あり、黄蓮には黄なる光あり、赤蓮・白蓮にもおのおのその光ありて、微風吹き来れば、華の光、乱れ転《うご》く。一々の華の中におのおの菩薩あり、一々の光の中にもろもろの化仏《けぶつ》あり」というような描写が、いかに日本人の想像力をかき立てたことであろうか。そして、地獄といかにも対照的なこの清浄にして華麗な他界の風景が、いかに魅惑的にそれぞれの心の内裏《うち》に思い描かれたことであろうか。

浄土の方位

「浄土」とは、『無量寿経』のいわゆる「清浄国土」の略である。国土に当たるサンスクリット語の音を漢字の「刹《せつ》」で写して、「浄刹」ともいう。すでに引用したように、源信は「浄刹」も使っている。そして、その浄土ないし浄刹を、彼は時間軸では来世に、空間軸では西方に位置づけている。すなわち、西方極楽浄土である。

ただし、かつて日本人が暗く穢れた黄泉とは異なる他界を、高く聳える山の奥に、あるいは山にかかる白雲のたなびく彼方の空に、あるいは水平線を越えた彼方の海上や水中に思い描いた時、その方位は西に限定されていたわけではない。東でも、北でも、南でもよかったはずである。そして、もし日本人がそのような他界について抱いてきたのとはまったく異質な、対立的な表象《イメージ》を、仏教の浄土の観念が要求したとすれば、浄土の観念がこの国に根を下ろすことは容易ではなかったであろう。それに、仏教の説く来世浄土にしても、一般的には必ずしも西方とは限らなかった。

たとえば、この国にも補陀落《ふだらく》渡海ということがあった。補陀落とは、もと観世音菩薩の住む、あるいは地上に降り立つという想像上の山の名であり、観音信仰上の霊地である。その霊地に詣でるべく、ごく僅かな食料を積んで、舟で海に出る。風まかせである。観音信仰が拡がるにつれて、この霊地は観世音菩薩の坐《まし》ます浄土となった。その観音浄土への往生が、渡海の目的になる。この国で熊野の那智を中心に補陀落渡海が行われるようになったのは、平安時代中期あたりからであろうか。目指すは観音浄土。舟は南海に漂う。

日本に西方浄土の観念を定着させたのは、阿弥陀仏信仰であり、浄土教である。たしかに浄土教の拡大につれて、多くの日本人は来世浄土を西方に思い描くようになった。藤原道長も臨終に際して北枕、西向きに横たわった。けれども、西方浄土の西方とは、たんに方位を示す観念にすぎない。重要なのは、浄土とは一体どのようなところか、その表象であろう。穢土《えど》と浄土とを対比的に描写することで、浄土教は、それまで日本人が他界について抱いてきた表象に新たなものを注ぎ込みながら、日本人の他界観を膨《ふく》らませた。

他界の精神史――エピローグ

たとえば仏教の理論の上では、来世浄土だけが問題なのではない。菩薩によるこの現世そのものの浄土化としての浄仏国土《じょうぶつこくど》や、現世と来世との対立を超えて現にここに感得されるべき永遠絶対の浄土としての常寂光土《じょうじゃっこうど》が問題になろう。また、阿弥陀仏の浄土に往生せんがための念仏にしても、観想念仏か称名念仏かといった議論があろう。その他、仏教思想史の上での問題は数多い。

また、「他界」という言葉は、鎌倉時代以降、死ぬという意味でも使われている。たとえば『平家物語』第一一四句「腰越」に、「義経身体髪膚《しんたいはっぷ》を父母にうけ、いくばく時節を経ず、故頭《ことう》の殿御他界ののち、みなし子となつて、母のふところに抱かれ……」とある「御他界」がそうである。現世とは異なる死後の世界をでなく、死ぬことそれ自体を「他界」とよぶようになったのは、武家社会が成立して、武士が自ら死を覚悟するようになったことと、何か関係があるであろうか。

さらに、従来の日本人の考えかたとはまったく異質なキリスト教がこの国に入ってきた時、洗礼を受けた日本人は、キリスト教の他界観念をどのように受容したのであろうか。そのキリスト教が邪宗門として禁じられて後、いわゆる隠れ切支丹《キリシタン》たちは、他界をどのように考え、どのように表象していたであろうか。

日本人の他界観念の変遷を歴史の流れに沿って跡付けるとすれば、当然、問題にしておくべき事柄はまだまだ多い。それにもかかわらず、日本人にとっての他界を、理論的な観念の問題としてよりは、日本人の感性にかかわる事柄として捉えようとした場合、後生として穢土《えど》を選ぶか浄土を選ぶかの選択を天台浄土教が日本人に迫ったあの平安時代の末には、すでに日本人の他界観にとって基本的なものはほぼ出揃ったと、私は思う。

だから、私は日本人の他界観の変遷の跡を鎌倉時代以降、現代にまで辿るということはしなかった。むしろ、私が平安時代末にはほぼ出揃っていたと見る日本人の他界観の基本的なものを、いま現世に生きている者の眼で再構成して、そこに籠められていた日本人の思いを汲み取ることに紙面を費やしたのである。

たしかに、日本人の他界観の中には、海外からもたらされた観念が少なくない。けれども、そのような観念を受け入れながら日本人なりに他界を思い描いた感性こそが、日本人の他界観をいわば膨《ふく》らませてきたのであり、その膨らませぶりは、現代の私たちにも充分に共感できるものを持っている。その共感を胸に、私はこの国の文化的伝統の中に息づいている他界観を、精神史的な問題として見直そうと試みたのであった。

あとがき

「日本人の他界観」は、昭和六三年（一九八八）から平成五年（一九九三）にかけて、国際日本文化研究センターで、私自身を研究代表者として実施された共同研究のテーマでもあった。その研究成果の一部は、『日本人の他界観』の書名で、同センターの「日文研叢書」の一冊として、平成六年の春に公表されている。

ただし、その『日本人の他界観』では、私は編者として序文を書いたのみで、そこに収録すべき論文は書かなかった。いささか言い訳めくが、私はこのテーマにかかわる論文を同センターの研究紀要である『日本研究』にいくつか発表してきたし、ほぼ五年間にわたったこの共同研究に私自身が一応の決着をつけるためには、個人としても、このテーマを日本人の精神史に即していわば俯瞰するような仕事をしておきたかったからである。その仕事のために、私は二つの、ただし私自身のなかでは互いに切り離しがたく絡み合う視点を設定した。

ひとつは、親しい人を喪《うしな》った者の視点である。現世に生き残った者は、別離の悲しみのなかで、死者をあの世に送る。死者のためには、もう、それしかできない。いわゆる葬送である。この世に生き残りつづけるということは、それだけ多くの葬送を経験するということでもあるし、この経験には、多かれ少なかれ他界の観念や表象が伴うであろう。その葬送を軸に、日本人の他界観にとって基本的なものを探ってみたい。もうひとつは、日本人が他界についてさまざまに思い描いてきた想念を跡付けていこうとする視点である。日本人が他界についていだいてきた多様な観念や表象を、いわば客観的に見ていくことで、日本人の他界観にとって基本的なものが浮かび上がってくるのではないか。

はじめに取り上げたのが、葬送の問題であった。平成七年（一九九五）の春、三省堂から出た私の『死に別れる』は、「日本人のための葬送論」の副題を持っている。その『死に別れる』のあとがきを、私は自分の血肉を分けた娘と死に別れたその日に書きおえた。そのほとんど直後から書きはじめたのが、この『日本人の他界観』である。

日本人の他界観に道教や仏教等々、外来宗教の影響が強いことは言うまでもない。ただし、それは断じて日本人の他界観そのものが外来のものであることを意味するものではない。日本人が受け入れた海外の文化がこの日本の精神風土に根づいたとき、それはすでに日本の文化的伝統を内側から変革していく契機として、日本人のものになっているはずである。その意味でも、私がここで扱ったのは、まぎれもない日本人の他界観なのである。

そして、その日本人の他界観の基本的なものが平安時代末にはほぼ出揃っていたにしても、日本の文化的伝統のなかで、他界観もまた変革の契機を内に含むことで生きつづけてきた。変革の契機を欠いた伝統などというものは、もはや伝統でなく、枯渇した因習にすぎない。日本人の他界観の場合、それが生きつづけるための変革の契機を用意したのは、なにも海外の文化の刺激だけではない。それ以上に、日本人がそれぞれ死者に、また死者の赴くべき他界に寄せてきた思いである。その思いあってこそ、葬送儀礼はたんなる因習でなく、他界はただの絵空事にとどまらなかった。現代でも、そうである。

一九九六年一二月

久野　昭

著者紹介
一九三〇年、愛知県に生まれる
一九五二年、京都大学文学部哲学科卒業
現在広島大学名誉教授、国際日本文化研究センター名誉教授、中京女子大学教授
主要著書
葬送の倫理　死と再生　神秘主義的知の位相
遊びと日々　死に別れる

歴史文化ライブラリー
7

日本人の他界観

一九九七年二月一日　第一刷発行
一九九七年四月一〇日　第二刷発行

著者　久《く》野《の》昭《あきら》
発行者　吉川圭三
発行所　株式会社吉川弘文館
東京都文京区本郷七丁目二番八号
郵便番号一一三
電話〇三―三八一三―九一五一〈代表〉
振替口座〇〇一〇〇―五―二四四
印刷＝平文社　製本＝ナショナル製本
装幀＝山崎　登（日本デザインセンター）

歴史文化ライブラリー

1996.10

刊行のことば

現今の日本および国際社会は、さまざまな面で大変動の時代を迎えておりますが、近づきつつある二十一世紀は人類史の到達点として、物質的な繁栄のみならず文化や自然・社会環境を謳歌できる平和な社会でなければなりません。しかしながら高度成長・技術革新にともなう急激な変貌は「自己本位な刹那主義」の風潮を生みだし、先人が築いてきた歴史や文化に学ぶ余裕もなく、いまだ明るい人類の将来が展望できていないようにも見えます。このような状況を踏まえ、よりよい二十一世紀社会を築くために、人類誕生から現在に至る「人類の遺産・教訓」としてのあらゆる分野の歴史と文化を「歴史文化ライブラリー」として刊行することといたしました。

小社は、安政四年(一八五七)の創業以来、一貫して歴史学を中心とした専門出版社として書籍を刊行しつづけてまいりました。その経験を生かし、学問成果にもとづいた本叢書を刊行し社会的要請に応えて行きたいと考えております。

現代は、マスメディアが発達した高度情報化社会といわれますが、私どもはあくまでも活字を主体とした出版こそ、ものの本質を考える基礎と信じ、本叢書をとおして社会に訴えてまいりたいと思います。これから生まれでる一冊一冊が、それぞれの読者を知的冒険の旅へと誘い、希望に満ちた人類の未来を構築する糧となれば幸いです。

吉川弘文館

〈オンデマンド版〉
日本人の他界観

歴史文化ライブラリー
7

2017年（平成29）10月1日　発行

著　者　久《く》野《の》　昭《あきら》
発行者　吉　川　道　郎
発行所　株式会社　吉川弘文館
〒113-0033　東京都文京区本郷7丁目2番8号
TEL　03-3813-9151〈代表〉
URL　http://www.yoshikawa-k.co.jp/

印刷・製本　大日本印刷株式会社
装　幀　清水良洋・宮崎萌美

久野　昭（1930～）

ISBN978-4-642-75407-1